育儿道

善护生命中的"野性"

［日］桥本知亚季 著

叶心慧 译

图书在版编目（CIP）数据

育儿道：善护生命中的"野性"/（日）桥本知亚季著；叶心慧译. — 北京：企业管理出版社，2024.6
ISBN 978-7-5164-3066-8

Ⅰ.①育… Ⅱ.①乔… ②叶… Ⅲ.①生活方式—通俗读物 Ⅳ.① C913.3-49

中国国家版本馆 CIP 数据核字（2024）第 090830 号

Copyright © 2023 by HASHIMOTO CHIAKI All rights reserved

北京市版权局著作权合同登记号：01-2024-2299

书　　名：	育儿道：善护生命中的"野性"
作　　者：	桥本知亚季
译　　者：	叶心慧
责任编辑：	尚　尉
出版发行：	企业管理出版社
地　　址：	北京市海淀区紫竹院南路17号　邮　编：100048
网　　址：	http://www.emph.cn
电子信箱：	qiguan1961@163.com
电　　话：	编辑部（010）68414643　发行部（010）68701816
印　　刷：	三河市东方印刷有限公司
经　　销：	新华书店
版　　次：	2024年6月 第1版
印　　次：	2024年6月 第1次印刷
开　　本：	880mm×1230mm　1/32
印　　张：	5.625印张　字　数：49千字
定　　价：	52.00元

版权所有　翻印必究　·　印装有误　负责调换

推荐序

我们失去的，她都帮我们找回来了！
◎邓美玲

从来没有任何一本书能像这本《育儿道：善护生命中的"野性"》（日文书名"自然に産み、自然に育てる―ちあきのマクロビオティック・タイム"）这样，会让我读到一边欢喜赞叹，一边则喘着气，看一段停一段，好让激动跳跃的心，暂时休息一下。也从来没有任何一篇推荐序，让我在反复阅读之后，怎么下笔都觉得不对！

这本书不足两百页，很容易读，既然我自觉怎么写都是"加一分则太多，减一分则太少"，干脆就不要写，让读者自己读就好了。我的"推荐"，只要引述几则她让我喘大气、掩卷沉思的"金句"——实在说，她的每句话都是值得大家咀嚼再三的"金句"。就像我已经口头向很多朋友推荐，这是一本家家户户、每个大人都要读的书！

为什么呢？桥本太太再三提到，他们夫妻之所以选择自然的生活方式，是因为觉得要恢复自己作为自然生物的"野性"，而"野性"的最高价值，在于"觉知的能力"。比如，她的四个孩子都用麻烦许多的尿布，而不是纸尿片。她说："使用纸尿片，父母固然比较轻松，但对新生命作为生物的丰富感知来说，究竟是好事还是坏事？我思考的结果是，让孩子能够敏锐地感受不快与愉快两种感受，应该最重要。感受尿布脏湿时的不快，也感受换尿布后干爽的愉快，意识到大人为自己费心费力不怕麻烦，这是唤醒丰富细腻感知能力的宝贵过程。"

另外，她选择"正食"很重要的一个理由是，为孩子打稳味觉的基础！她说："我们的味觉很容易被人工调味欺骗，然后变得麻木。为了不让味觉麻木，就要打稳味觉的基础，尤其幼龄期更为关键。至少在小孩三岁以下，可能的话到五六岁以前，都要好好地培育味觉。这不是要用味道强烈的调味料，当然也不是仅仅讨好舌尖的食物，而是为孩子准备可以感受味道的微妙、并带有鲜味甘味的自然饮食。"

为了要"开发自身天生本能",她积极准备自己在家自然分娩。生过四个孩子之后,她的感悟是:"通过自身经验,我更确信生产时'三位一体'的力量之必要——母亲、新生命、宇宙力量。这些力量同时运行,相融相合,方能成就幸福分娩的瞬间。"第二次分娩时,先生不在,家里只有两岁的大女儿,她把接生所需的一切放到床边伸手可及处,两岁的女儿成为唯一的助手,她发现:"两岁幼儿的能力比想象中更高。她理解全部状况,协助无法动弹的我,甚至温柔抚慰我,幼儿天生的能力实在让人惊叹。小小幼儿展现给我的,也许是早被大人遗忘了的、人类生命本具的素质吧!"

然后有一天,孩子突然跟妈妈说:"我不是妈妈的孩子,我是宇宙的孩子!"这种犹如天启的亲子互动让她明白:"母亲,是为了让宝宝灵魂从远方彼岸通往这个世界的时光隧道;是为了将宝宝身体从远方天涯运送到地球的宇宙飞船。母亲的角色任务,仅仅是容器、通道,此外,什么都不是。宝宝是从极乐至福世界前来的传达神明信息的使者,为让母亲体验——此时此刻、此处,就是极乐至福。"

我们失去的,桥本太太——一个自认是"脆弱的存在",却温柔地,帮我们都找回来了!所以,这是家家户户、每个大人都要读的一本书。

邓美玲

新竹客家人。随顺社会规则读书工作大半辈子,终于按捺不住基因里的野性而叛逃了,成为身体觉知教育工作者,四时玩酿造、玩香,也玩茶。著有《作家拿手菜》《处处闻啼鸟,鱼戏莲叶间——给孩子的100首唐诗》(上下册)及为儿童改写的聊斋故事《王六郎》等六册。

推荐序

她以真诚温柔与谦卑,轻轻接住我们
◎金质灵

读完桥本太太著作的最后一个字,心中升起一个感叹:"我究竟何德何能,有荣幸和资格为这本书写序啊……"在旁的先生也忍不住说着:"真的……这真的是太好的一本书,我觉得会成为畅销书啊……"一起共读完书稿的我们陷入沉默,享受内心因深深感动而创造的寂静无声。

感谢本书编辑,也是我敬重的夏瑞红女士邀约写序,我才有幸阅读到这令人敬佩之作。夏女士在我六岁时,曾邀请我为报纸专栏绘制插画,事隔三十年之后,如今已是人妻、母亲的我,能再次被一路看着我长大的夏女士邀约为本书写序，本身已别具意义；意想不到读毕本书之际，似乎才明了夏女士这番邀约背后的温暖信息："记得相信你自己，因为你们在做的事情很棒喔！"

我和先生分别在人生不同阶段不约而同，选择让自己的餐盘上不再有生命牺牲的眼泪；相知相爱到结婚，更决定陪伴彼此执行无添加的全食物纯植物性饮食，透过干净的食物调养身心，不仅摆脱了自己身上几种大大小小的慢性病与不适症状，似乎性格的暴戾或忧郁之气也随之淡化。

在身体的见证下，让我们对这样的饮食方式带有着全然的信任。

怀上女儿将果的时候，我也如桥本太太一样有着天然而生的念头："人也可以像动物般自然地体验生养孩子吧！"但我没有桥本太太细心，甚至不知道需要去产检，还好先生的心思细腻，做足了功课，并将"温柔生产"的概念分享给我，我自然喜悦地顺着先生的安排，并从前人的引导下，用纯植物饮食滋养着孕期间的自己，直到在家中于先生、母亲和助产士的陪同下顺利产下女儿。

助产士在接生完女儿后，说出了令我们印象深刻的话："本来有点担心你们的饮食方式比较特别，但是我接生过无数孩子，少见妈妈与孩子的状态都健康有活力，生产过程十分顺利，我觉得不论你们做了什么努力，都应该好好跟这个世界分享！"这句话给了我们莫大的鼓励。确实，我们选择的生活方式，在现今社会执行上有许多不易与辛苦之处，也常担心自己的选择让家人不放心，难免有孤寂和需要支持的时刻，听到这样一份发自内心的认可，心中充满力量。

如今，看着桥本太太的生命历程，觉得自己的挑战根本小巫见大巫！我们念着书稿，一个又一个惊讶不断浮上心头："不可思议，居然在半个世纪前，桥本一家就已经在执行现在才开始为人们关注的纯植物饮食！居然，在那西方医学崛起的时代，桥本太太就已经尝试了现在才为少数人所重视的温柔生产，并有着难以置信的勇气，在荒野中搭建自己的家园，生养了五名子女……"

非常感谢先生如此有兴致地跟我逐篇细细品读着，过程中我们不时默契且惊喜地对视；特别是读到桥本太太面对五个不同气质的孩子时，让我们想到了如今即将四岁的将果，我们陪伴她长大的过程中，难免觉得自己真是糟糕不称职的父母，但桥本太太那真诚、温柔且谦卑的自述，轻轻接住了我，几次转头看先生，发现他已经满脸泪水，还腼腆不好意思地说："是因为，真的太感动……"

感谢有这样伟大的前人,在看似遥远的年代、遥远的国度,却跟我们有着相同的理念,做着一样的事,即使面临更大的挑战,却活出我们自叹不如的令人敬佩的生命!让我们觉得地球上的每个灵魂其实都近得紧,有如平行宇宙一般:"原来地球上有这么多灵魂有着一样的想法、一样的渴求、一样的愿望,并都不约而同勇敢地实践着。我们一点儿也不孤单!"

感谢桥本一家的美好存在,感谢夏女士的邀请;真心愿阅读此书的您,能像我们一样备受启发与滋养!

金质灵

艺术工作者、全食物纯植物饮食奉行实践者、共时间(The Present Room)纯植物工作室主理人。
从小爱画画,本想当世上最伟大的艺术家,却不小心变成厌世少女。有感于纯植物性饮食可减缓地球暖化且不伤害生命,改以餐盘作画,以食物为素材,用餐桌延续对艺术的热爱。
目前与丈夫Tiger育有四岁女儿。

导 读

桥本家的餐桌盛景

◎ 梁正中（正好文化发行人）

　　和桥本夫妇的进一步交往是从拜访他们在京都乡间的家开始的。

　　大约五十年前，新婚不久的桥本夫妇就勇敢地走进了福岛县的山林，年轻的他们本着"想创造对生命温柔的生活"，也想"试试自己能多接近自然"，于是先生靠自力建屋（他们相信这是自然界所有生物的本能），太太则靠自力在家自然分娩，亲手砍柴、运水、耕种，以尽可能不增加地球负担的方式，用心经营家庭生活的富足感和安定感。

　　2011年，地震海啸迫使他们远离家园，辗转流浪数年，才在京都郊区找到一栋上百年古宅，重新修缮安家。他们家那用麻绳等天然素材编织搭筑的阁楼，犹如神圣充满的小教堂。

第一次拜访时，桥本太太带我参观她的菜圃，顺手拔起一颗大萝卜，像抱着自己小孩一样满脸幸福喜悦；后院树林中还有他们种植在枯木上的蘑菇。桥本家的一日三餐如美妙魔法般，让我忍不住为之目眩神驰。他们一家三代人合作无间，总是三两下很快就从菜圃、树林"变出"能量满溢的餐桌盛景。

最让我感动的是，每次用餐前，全家老小一起大声诵读用餐祷词：感谢太阳、土、风、水赐给我们美味食物，今天开开心心玩耍……

那是如此地自然和谐、幸福满足，而且餐餐都无浪费一丝一毫！

用餐后，我们常一起在四周田间散步。桥本太太聊着她曾挨家逐户与邻居分享正食料理和自然农法理念，后来邻居们纷纷欢喜，随之走进大自然这个大教室。

和桥本家交往前半年都以桥本先生为主角，每次见面彼此相谈甚欢，两个男人不由得意气飞扬起来，遐想要擘画一个新时代自然活法村，又想到关键是得先有位众望所归的"村长",好比公司的CEO……我们还伤脑筋地想,到底哪个年轻人可能合适?哪想到几次交流后,桥本太太半开玩笑幽默暗示,自己可不正是那"舍我其谁"的天选之人?说到具体执行方案,她马上能侃侃而谈,从那"舍我其谁"的气魄,足见五十年如一日在生活中历练积累的实力。

桥本太太曾五次靠自力分娩,体验到"母亲+新生命+宇宙力量"三位一体的神圣经验,尤其是最后一次生产,更"超越我这个个体,彻底与万物相连"。桥本太太生出孩子的同时,自己也再度重生——与真我、即宇宙本体无法言喻地彻底融合。

昔时禅家大彻大悟后与"尽虚空遍法界"之法身相契合,还有一灯园西田天香静中隐约听到初生婴儿啼哭而大觉大醒,是否正是类似这样的吉光片羽?

三年疫情改变了世界,也改变了我人生的轨迹。

山川、日月星辰、花木蜂鸟、荒野草药、原始森林……正把我引向另外一个个"维度"的世界。现在的我越来越体验到与自然连接的力量,以及人类活在天地间的使命,更能感同身受桥本夫妇五十年自然生活的甘苦和坚定;桥本家的餐前祷词,也恍然成了我山居岁月的吉祥咒。

几天前正好收到桥本太太2020年腌制的梅干。尝一口梅干,无穷滋味丝丝入扣。我想,那源自天地的芬芳和手作的幸福,就跟她专为中文读者撰写的这本家庭故事书一样深邃迷人。

自序

宇宙长流之此岸彼岸

每次分享做母亲的经验时都会被问:"分娩不痛吗?""育儿不累吗?"

我一贯如此回答:"当然超痛。不过,是跟其他疼痛完全不同的痛。""全年无休当然很累。不过,是跟其他疲累完全不同的累。"

我们的生命在四十六亿年的生物历史中,跨越无数艰难与淘汰,连绵不断延续而来。"孕育生命"这件事,是一项至艰至巨的挑战,但太过平凡也太过自然,反而使人不自觉轻忽其中奥义与甚深喜悦。

作为母亲一路走来,以对生命的直觉,陪伴着五名子女、八名孙子孙女成长，到现在，我明确地坚信：生命从彼方来，终将往彼方去。生命以母亲的子宫为渡舟，从彼岸通往此岸。

此生有缘与形形色色的人事相遇，历尽悲欢离合，一边面对、一边玩味，渐渐看清了，这只是生命存在于世间的森罗万象，也渐渐明白了生老病死的意思。此岸往彼岸的道路，只能依靠自力，顺应因缘归去。愿"归去"的瞬间，自己能从容前行。

这浩瀚伟大的来去课题，其实始终与我们同在，而且，不管人是否意识到，其实一切早已准备好。在宇宙长流里，人人平等，没有差别。

无论您此刻正在人生路上的哪一段，倘若本书有助于您微微感受到，我们同在宇宙长流中，那将是我至高的荣幸。

目 录

第 1 章　怀抱梦想投身荒野 / 001

　　选择"珍惜生命"的生活 / 004

　　从零开始拓荒开垦 / 005

　　实践环保、纯素自然饮食 / 007

　　我的"野性"重新复苏 / 009

第 2 章　决定在家自然分娩 / 011

　　自订三项孕期日常功课 / 014

　　把"不安"当作小伙伴 / 016

　　五次顺利分娩 / 017

　　"自然"并非什么都不做 / 022

　　宝宝不是母亲用力生出来的 / 024

第 3 章　时光隧道与宇宙飞船　/ 027

　　子宫开始二十分钟收缩一次　/ 031

　　子宫收缩变成五分钟一次　/ 032

　　阵痛每两三分钟强势席卷　/ 034

　　靠墙坐着等待胎盘剥离　/ 035

　　一刀剪断脐带　/ 037

　　此时此刻此处就是极乐至福　/ 039

第 4 章　生死皆自然不是病　/ 059

　　探索人与宇宙的关系　/ 061

　　保育对生命的感知　/ 063

第 5 章　育儿优先的生活　/ 065

　　"入口"与"出口"都重要　/ 069

　　挑战完全不用尿布　/ 071

　　日常作息就是家教　/ 073

　　我们家的餐桌祷告　/ 075

第 6 章　"正食"的生活哲学　/ 079

　　为幼儿打稳味觉基础　/ 082

　　亲手加工保存食物以惜福　/ 083

日日持续随兴实验 / 085
　　医食同源身土不二 / 088
　　调和阴阳保护环境 / 090
　　孩子的避风港防波堤 / 092

第 7 章　以孩子为师 / 097

　　孩子发出的"独立宣言" / 099
　　反省自己育儿的傲慢 / 102
　　与花草分享心事爱语 / 105
　　大人无法理解的感受 / 107
　　内在似乎有个老灵魂 / 108

第 8 章　与孩子共度四季晨昏 / 111

　　尽情扮家家酒 / 114
　　支持孩子下厨玩烹饪 / 116
　　接受大自然的礼物 / 120
　　女儿的"秘密花园" / 124
　　照顾动物体验生命珍贵与无常 / 125
　　不排斥但有所节制 / 127

第 9 章　修养从家庭开始 / 129

　　家是最初的社会 / 132

　　亲子关系基础在对话 / 134

　　"寻宝太棒了"家庭游戏 / 136

　　引导孩子自己解决问题 / 137

　　宽宏大量的赤子之心 / 140

　　"母亲"是无价天职 / 142

后　记 / 146

附　录　来去桥本太太家 / 148

第 1 章

怀抱梦想投身荒野

着手开垦后,
在地底浅层发现了大量绳文时代的土器与石器。
这意味着,
早在远古时代,这里已是适合人类居住的环境。
我们会是五六千年后
再次来到这里拓荒造屋的第一批居民吗?

在我求学那时代，人人憧憬都市生活。

从日本各地上东京的学生，追求某种信念、满口青涩哲学，靠一己之力维持生计，年轻气盛地在酒场欢快畅饮，高谈阔论自由的意义。

当时的我和后来成为我先生的桥本宙八也不例外。

迁入繁华都市，生活时而得意洋洋，时而汲汲营营。然而，我们婚后考虑住处时，不知怎地，两人却意见一致，决定住在乡下，而且是森林环绕、空气好、水质佳的乡下。

在狭小的日本，深山僻野才有这样的地方，而这样的地方，只有甘愿舍弃便利生活的人才会考虑入住。

通过亲友介绍，我们不辞劳苦四处寻访，终于找到东北方福岛县小村落外、过去村民采集木材与野菜之处，如今人烟稀少，已是一片荒野。

那块土地虽然不尽理想，但日照充足，幅员广阔，河水澄澈，最重要的是，价格便宜，我们还负担得起。

于是我们决定，就是这里了。

当时附近村民都说，那里非常偏僻不便啊！奉劝我们不如死了这条心比较好。现在回想，二十出头的我们选择搬到这种地方，实非深谋远虑之举，只是单凭一个梦想和一股冲劲，青春无惧。

选择"珍惜生命"的生活

逢人问起为何移居森林，我总是明快回答："想过对生命温柔的生活""想试验自己能多亲近自然、多强韧"。现在写下当年豪语，觉得实在满孩子气的，但当时我们的心意十分坚定。

即便是半世纪后的此时，那份想好好珍惜生命地活着的想法，依然坚定如昔，当初选择的生活方式也持续至今甚至可说，历经岁月沧桑、进入现今时代，我更加确信，当时的选择没错，也更加肯定自己的人生，内心充满平安笃定的幸福感。

作为一个实践梦想之地，接近原始自然生态的深山当然是最理想的。然而，现实生活中，我们还是需要些许便利与文化条件，也需要可通行汽车的道路、电力设备，所以，最终我们买下了一块在村落外围、符合上述条件的土地。

当时的直觉是正确的，那实在是近乎完美之地。我们着手开垦后，在地底浅层发现了大量绳文时代（约莫公元前一万四千年至公元前三百年间，横跨旧石器时代后期到新石器时代）的土器与石器。这意味着，早在远古时代，这里已是适合人类居住的环境。我们会是五六千年后再次来到这里拓荒造屋的第一批居民吗？

念头至此，我们心潮澎湃，激动不已。

后来，在自家四周采集雨后出土的古物，成了我们家孩子的日常游戏之一。其中有一部分送交专家鉴定，判定为绳文前期文物。那些石器里含有不属于此地的石材，推断是船运过来的。从我们家翻越后山出太平洋，确实不难。而后发现的石器与土器，虽没再请专家鉴定，但依据模样与造型判断，年代应在绳文时代以后。无论如何，这段浪漫小插曲仿佛在为赌上人生、投入冒险生活的我们加油打气。

从零开始拓荒开垦

我们夫妇俩携手从零开始拓荒开垦。

我们一起伐木整地，自由想象哪里盖屋、哪里耕种、哪里开路、哪里保留森林原貌，宛如在大地上随心所欲规划设计，除了快乐满足，还有什么能形容当时的心情？

后来我们常被问道："如何将不可能化为可能？"毫无经验的夫妇尝试在荒野中白手起家，即使再年轻力壮也是非常艰难的事。我想，最终得归因于"动机"和"动力"，那是"想找回人类在文明进化过程中丧失的生物本能"这个强烈的信念。尽管不确定那能力是否依然存在，却仍然选择相信，也希望亲身探寻。

回首当年，该说那是荒诞不经，还是年少轻狂呢？无论如何，当时的我们是真心实意的。对先生来说，这理想主要落实在"靠自力为家人打造安身之处（家园），并守护家人的生命（经济健康）"；对我而言则是"靠自力生产、养育子女"。

握着斧头与铲子，跟原野搏斗多时，平坦的大地渐渐呈现，终于可以进入下一个阶段——自力建屋。从决定买下这块土地到正式移居，中间有半年时间，先生已跟随木匠学艺，还到建筑工地实习。仅以这般粗疏的知识与经验就贸然行事，未免太过轻率鲁莽，但他相信："为家人筑巢盖房是自然界所有生物都有的能力，人类当然也有。"就凭这么简单的信念，他亲手为这个家盖了一栋相当宽敞的日式木屋，真是让我不得不钦佩。

接下来，要确保水源。

我们的土地上有条小河，从无人森林流淌而下，作为水源并无问题。不过从长计议，水井还是必要的。于是先生用铲子挖地，我负责清运土石，经过一周连续不断的劳动，总算在地下八米处挖到水脉。然后，我们安装抽水机，进行引水入室工程，家中水龙头终于哗哗出水了。

至于电源，则是委托电工师傅从村落拉电线过来，先生再自己动手配置电路。我们家终于在漆黑森林里明亮起来。

就这样，森林里、大地上、星空下、无数野生动植物的环绕中，我们的家庭新生活正式开展。

实践环保、纯素自然饮食

我们想在这里过什么样的生活？

正如前面所说，我们移居深山的一大目的是，在生活中实践"珍惜生命"。珍惜生命的基本前提是不杀生，所以我们选择纯素的自然饮食生活。

都市环境喧嚣纷扰，很难贯彻这个选择，所以必得移居深山。不过，说到底，这只是托词，其实是需要把意志薄弱的自己推到断绝诱惑的环境，所谓"破釜沉舟"吧！

从结果来看，这个选择非常成功。

这里何止没自动贩卖机、餐厅，连一家卖日常杂货的小店也没有。"完全自炊"的生活，我们自然而然就达标了。

同时，我们也开启全面环保的生活。

尽量不增加地球负担，这是当前全球共识，而我们在半世纪前已朝这方向匍匐前行了。为减少石化燃料污染，我们就近捡拾山里的木材，洗澡水和暖气都靠柴火烧炉，需要快速烹调的料理才用桶装瓦斯。

日本东北地区海拔五百米的山区已非常寒冷，需要大量烧柴，还好住处位于杂木丛生的山群里，我们得到伐木业者的许可，全家出动去收集砍伐后剩余的杂木，靠自己的劳力，不费分文，即有火可用，不但符合成本、环保等现实考量，还给了我们莫大的安心感，那是透过日常劳动才能体会的富足、安稳，和一种"被大自然怀抱着、真真实实地存在"的感觉。

我的"野性"重新复苏

多年以后，在海外大都市留学的女儿久违三年返回故里，全家人一如往常去山里捡柴。我们带着便当，用去野餐的心情愉快出发。小货车开过崎岖山路，到了目的地准备开工时，女儿不禁喃喃自语："我们家过的是这么原始的生活啊……"

小时候比谁都爱玩冒险游戏的女儿突然发出这样的心声，我一时无言以对，同时也深深理解她成长过程的辛劳，那跟海外大都市的生活当然截然不同，16岁的她想必也得拼命地融入当地生活吧？我只是轻轻一笑带过："对啊，就是这样啊，跟从前没两样吧？这种原始生活，我还满自豪的喔！"

对于能够体验"回归生命原点的淳朴自然生活"和"奔向文明尖端的大都市生活"这两种截然不同的滋味，我觉得是极为珍贵的生命资产，所以很赞成子女到东京和海外都市留学。顺便一提，这位女儿如今已是两个孩子的母亲，一边用电脑工作，一边跟孩子过着种菜、烧柴的生活。

除了水、柴、食物以外，滂沱大雨后修复被切断的道路，整治泛滥的河床池塘……诸多生活大小事，我们都得亲手处理。这样粗犷的生活，对曾是多病弱女子的我来说，虽然相当艰苦，但处处用心探索，从不懂、不会到明白、能干的过程，实在让我非常快乐。

我自幼气虚瘦弱，光从椅子上站起来也曾因贫血而晕倒，当时的父母和朋友绝不能想象我日后竟能在穷山僻壤生养五名子女。我之所以能办到，当然必须归功于荒野的磨炼和依循自然的饮食生活。

从这个角度来看，一如我所期待的，这种生活，无论身体上或者精神上，都让我变得坚强健壮，换句话或可说，使我的"野性"重新复苏了。

第 2 章

决定在家自然分娩

我向来有『要开发自身天生本能』这种朦胧的想法,因此把怀孕分娩看作试炼生命力的绝佳机会,也许我这样薄弱多虑的现代人,唯有把自己逼到绝境,才能逼出真正的意志,因而窥见自己的本能。这牵涉到两条人命,也是对自己生命极限的挑战。

怀上第一个孩子时，我们还住在东京、尚未移居深山，但已开始实行吃糙米、素食。

我向来有"要开发自身天生本能"这种朦胧的想法，因此把怀孕分娩这生产过程看作试炼生命力的绝佳机会，于是从怀孕开始就积极阅读、参加讲座，认真思考自然分娩的意义。

具体来说，就是不依赖医疗和助产服务，全程靠自力完成，就跟一般野生动物一样；也就是全然信任生物的原始力量。

从现代人的观点来看，这是赌上性命的选择。

其实，无论什么时代、无论有多么完善的后援，女人生产都是赌上性命的事。然而，在人类历史上，生产原本就是自力进行的，顶多是靠母女、亲友帮助，后来才渐渐出现助产专业，到了近代更被当作是必须送医院的医疗行为。

约在半个世纪前，在医院分娩的日期时间就变成得按医生行程安排，我对这种现象大感疑问。怀孕生产本该以母亲与婴儿为主体，生命的自然性不是应该最被尊重吗？然而，随着约定俗成的社会趋势，是不是连女性自身的主体意识也越来越薄、本能也越来越弱？这是我心中油然生起的畏惧，也是我对自己的探问。

为进一步确保生命不遭风险意外，这是人类文明进步必然的走向，可是，生命"自然而生、自然而死"，这本是理所当然，这种"自然"在现代社会却似乎变得越来越难得。

也许我这样薄弱多虑的现代人，唯有把自己逼到绝境，才能逼出真正的意志，因而窥见自己的本能。挑战一般人都不做的事，需要真正的决心与勇敢的实践。这牵涉到两条人命，不得不付出最大努力，无论发生什么事都没有借口，这也是对自己生命极限的挑战。

自订三项孕期日常功课

既然下定决心自力分娩，当然必须慎重面对这攸关生死的事。迎接周全的分娩需要的是什么？其中哪些是我能在生活中不必勉强地每日实践的？

认真斟酌后，我归纳出以下三项：

一、严选谷物菜食，细细咀嚼进食。并且每天写饮食日记，检查身体状态。

二、每天必定运动、散步。屋外散步、体操，室内家务等，心情愉快地活动身体。

三、确保禅修与祈祷的时间。在起床时、睡眠前跟自己对话，调整心情。

因为是自己选择的、自己能力所及的事，自然全是既容易又简单的事。"重视身心两面，认真生活"是支撑人类生命的根源部分，不仅限于孕期，而是时时刻刻都应该重视并实践。

如今细想，在那之后的人生，这三项如三根柱，始终伫立我心深处。即便生活遇到纷扰烦杂，这三根柱子也给了我某种"若有万一，只要回到这里就好"的安定感。

让我稍微补充第一项关于饮食的部分。

怀孕期间在我体内发生的，是用我的血液，每天持续疾速地制造新生命（胎儿）细胞的作业。胎儿的成长只用我的血液，是完全依存于我的存在。

一旦意识到这个事实，身心便不禁警觉起来。制造如此重要的血液的材料，正是我每天吃进肚里的食物，责任非常重大。为了胎儿的健康，我必须制造健康的血液，为了健康的血液则必须摄取健康的食物。当时的我已在实践不含添加物、化学成分的"正食"，于是更认真地讲究食物。

当然，所谓健康的血液、健康的饮食并没有既定标准，每个人依自己的判断，找到最适合的方式即可。从那个时间点起，我自己探索、自己做决定，老实走上自立之路，第二项及第三项也是如此。

如此检视自己，度过怀胎十月，乍看之下也许有点像孤军奋战，其实并不然。想象细胞的新生、胎儿的成长，亲子能量汩汩交流，我感到身心都十分充实，快乐无比。

这样的日子层层堆叠，不仅迎来健康的生产，亦作为胎教，建立好出生之后的亲子关系基础，长远来看大有裨益。

但愿即将迎接孕期的人，都能明白怀孕期间好好地生活是多么的重要。

把"不安"当作小伙伴

尽管像这样准备万全，我依然感觉不安，毕竟分娩充满未知数。

我曾为了"必须消除不安，充满自信迎接分娩"而焦虑，不过在某个时间点，却倏忽找到自己心悦诚服的答案："没必要让不安消失。"

无法预见未知数的我们，不都是一直带着对未来的不安而活着吗？不安是理所当然的。

答案竟是如此简单！在我忍不住笑了出来的同时，双肩重担顿时卸下。

好吧，别把不安当作不安，而是把它当作自己的小伙伴，认同它、带着它，但是也尽可能别让它膨胀。结果，不安反而莫名地变成正向助力，悄悄推了我一把。

不安引我寻思，一切努力的终点何在，毕竟只有天晓得，既然如此，就把一切全托付给远远超越自己的伟大力量吧！单纯相信自己、宝宝，以及支撑一切的宇宙力量，结果如何都交给老天做主。

用佛教术语，可说"不安"激发了"皈依之心"，让我自此变得平静安稳。

五次顺利分娩

按照上述方式，我经历了五次孕期并完成自然分娩。

五次都没依靠专业人员协助，只是在日常居家生活中分娩。其中三个孩子是夫妇两人合力接生，另外两个孩子是先生刚好不在家时，我独自分娩。

每次分娩都平安顺利，迎来健康元气的宝宝，对我来说是莫大的喜悦，取得比预期中更大的成功。内心因"相信自己自然原始力量真是太好了"而充实笃定，也对支持我的孩子与家人充满感谢。

每个生命都独一无二，每次分娩也都给了我独一无二的经验与成长。随着年岁增长，我渐渐了悟，顺产并不是我的成功，而是生命之力以具体形式理所当然地表露罢了。

以下简述五次分娩的回忆。

一、长女"果游"

第一个孩子的分娩，是夫妇两人在东京自家中，做好赌上性命的心理准备，尽了最大努力的初体验。产后瞬间，真的非常感动，泪流满面、笑着为自己鼓掌。

实际证明我们按理想做到了，这让我们夫妇对自己的信念更加坚定；而像动物那样自然生产，也隐约让我有一种确实被天地认可、成为大自然生物中的一分子的感觉。

　　这成为了我生命的核心，或更精准地说是，这进入了我生命的核心，往后的人生里，无论何时何地，这个核心都牢牢支撑着我。

　　果游宝宝圆滚滚的，元气十足。那年头，西洋营养学是主流，大家都担心不摄取动物性蛋白质（肉类及牛奶）会没营养，认为只吃素食的孩子会发育不良，但看到健壮的果游，我们确认糙米素食也能孕育出健康宝宝，这让我十分欣慰。虽然现在的我能气定神闲地说"素食当然养得出健康宝宝"，但当时周遭没前例可循，我们一路摸索前进，走到果游出生那一刻，真有种"实验成功"的欢喜。

二、长子"树生马"

　　此时我们已从东京移居山村。这次先生正巧外出，我不得不独自分娩。

　　当时刚满两岁的长女成了此次分娩的见证人。只有幼儿与孕妇，这样的组合在即将发生重大事情的现场，确实叫人担心，然而终究一切顺利。

　　我发现两岁幼儿的能力比想象中更高。她理解全部状况，协助无法动弹的我，甚至温柔抚慰我，幼儿天生的能力实在让人惊叹。

小小幼儿展现给我的，也许是早被大人遗忘了的、人类生命本具的素质吧！

三、次女"明朱花"

原本预定全家大小在家迎接这个宝宝，可是突然有些意外发生，直到临盆之际，先生才赶到帮忙接生，而老大老二没能照我们理想在场见证，但我们平淡地顺其自然，分娩过程仍然顺利，宝宝健康诞生。

这时，分娩好像不过就是，在睡觉起床游戏工作、诸事层出的日常生活里的另一件事罢了。总是无常多变的日常生活，无论再出现什么事，好像已能用平常心泰然面对。能如此思考，进而如此应对，我把这视为我们全家的成长跃进。

四、三女"朋果"

这个时期，我们家的生活和一般家庭大不相同。

家有幼儿的我们家，当时正有几位需要特别饮食调养的重症病人一起共住。我除了要兼顾家事、育儿，还要照顾病人的饮食起居，那是一段极其忙碌，身心都濒临耗竭边缘的高压生活。那样的生活既是日常却又非日常，完全没有余裕像前三次孕期那样呵护胎儿和自己。

尽管如此，女儿还是平安顺产，面容宛如观音。相较于前面三个出生时体重都在标准以上的孩子，她虽然比较瘦小，但仍然很有元气。原本暗自担心的我，感到如释重负。

五、次男"卓道"

这时我们家仍为照顾病患而忙碌，但我想这应是我最后一次怀孕分娩，我不希望像上次怀老四那样透支身心能量，决定要回到原点，只跟家人轻松开心地过单纯的居家生活。

第五次分娩的经验，超越"我"这个个体，恰似"完全与一切合一"的宇宙意识，相信此生再也无法遇见，用尽言语也无法表达。然而，这是千真万确的、至高的神秘体验，宛若触碰到生命之源的喜悦瞬间。

由衷感谢带来这些体验的五个生命，也感谢宇宙的超能量。

"自然"并非什么都不做

果游、树生马、明朱花、朋果、卓道，五个孩子的分娩经验，每一次都不同，每一次都带给我新发现与重要信息。

第一次，实证不借他人之力、夫妇两人自然分娩的可能性，以及莫大的喜悦。

第二次，进一步体验孕期过程，完全不靠医师和助产士，自己管理、不需旁人协助也可独自分娩。

第三次，体验到在与日常生活相同的频率中，跟家人一起的安稳分娩。

第四次，感受到分娩是最棒的狂喜（ecstasy）、属于神秘的宇宙体验。

第五次，感觉"分娩"这个词已粉碎并消散于空气，极乐至福的奢侈经验。

透过这几次分娩深刻的发现与喜悦，我的"自然观"变化极大。之前，我只是模糊笼统地觉得"自然是好的、也会带来好的结果"，只要自然就是圈圈，不自然的就是叉叉，非常单纯的"崇拜自然"，相信只要追求自然必引向理想结果。如今我明白了，以自然束缚观念，同时会落入自然的桎梏。

当我带着"想要自然分娩"的心愿开始认真面对，种种不安随即涌现。如今我已经了解，即便是自然，也可能有不理想的结果，而结果不尽理想其实也没关系。同时，也打破了"只要自然就安心，什么都不做也OK"这种半吊子的观念。

所谓"自然地在自然之中"并非如此单纯容易，而我们的身体和社会都不可能弃"自然"于不顾。相较于过去的不切实际，这发现对我来说，实为一大进步。

因为经历过逼到极限、只能破釜沉舟的状况，我才懂得，即使是自然分娩也要尽力做自己能做的，不断尝试与发现。自己能做的，也不过是通过饮食、运动、生活，调整孕育宝宝的环境。

将能做的尽力做完之后，终于领悟：自然并非什么都不做。以身体觉知去捕捉、感受自然，是重要前提，也需要知识和努力，才能判断、拿捏"做、不做"之间的平衡。

我掌握到分娩的"自然观"是，做好该做的，不放任，结果则交给伟大的自然之力。至于自然生活、自然饮食、自然农法、自然育儿……本质上也都是这样。

宝宝不是母亲用力生出来的

现代社会一切事物都有大量技术、信息、说明书，其中有许多是生命根本不需要的，但明明不需要，一般人却觉得要是没有，好像哪里怪怪的，甚至会陷入不安。时下人们对生命的态度，基本上否定多于肯定，习惯瞎操心去"操纵掌控""超前部署"。我认为这也许是一种文明病。

每个人的身体各不相同，每个人身体的所谓"自然"，当然也就有些差异，应依据自己真实的感受去确认"自然"的意义，不该人云亦云、随波逐流。

拿分娩来说，一般都认为"宝宝是母亲用尽全力才生出来的"，电影中的产妇几乎都咬牙使劲、汗流满面到精疲力竭，我也曾误以为事实就是这样，然而，现在我却反而确信宝宝不是被母亲用力产出，而是"带着自己的意志与力量出生的"。

从第二胎的分娩开始，到最后一刻，我都没有使劲，而是等待子宫收缩与松弛的频率达到圆满。我不但不使劲，反而注意放掉力气、放松身心，宝宝会靠自己的力量推开产道而出。

分娩是即将出生的生命、孕育该生命的子宫、宇宙的能量这三者的共同创作。肉眼无法看见的宇宙能量频率，以收缩与松弛的形式传递到子宫，宝宝接收到以后，就会顺着频率出生。因此，我该做的是，尽量让收缩与弛缓的能量波动清楚传递给宝宝，避免因用力使劲造成"干扰"。母亲毫不费力、完全放下，子宫松弛的程度会越大，松弛越大则收缩的强度密度也越大。

分娩中我做的其实是——尽量努力什么都不做。仅仅感受子宫的收缩频率，觉知每个当下。我的"不作为"是为了不打扰子宫和宝宝。在那之后，我终于稍微窥见"一切随顺宇宙之流、托付给彼岸的力量"这个中深意。同时，从分娩经验，我也领悟到，即使是未出生的小生命，也拥有自己判断状况、靠自己力量出生的能力与意志。

如今回想一次次独一无二的分娩，每次都是配合当下身心状态的方式，为我的生命带来必要的成长。与孩子们共同生活、触摸他们的内心，更让我相信，是这五个生命携手引领我一步一步向前迈进。

这些年育儿过程中，偶有疲惫、苦恼、陷入自我厌恶的时候，每每在低潮中，分娩的回忆与感受会突然涌现，并再次赋予我力量。或许可以说，分娩体验成了我作为母亲之信心与能量的原点。

下一章，我想以卓道出生的故事，较具体地分享我的分娩经验。

第 3 章

时光隧道与宇宙飞船

是为了让宝宝的灵魂从远方彼岸通往这个世界的时光隧道，是为了将宝宝的身体从远方天涯运送到地球的宇宙飞船。

母亲的角色任务，仅仅是容器、通道，

此外，什么都不是。

宝宝是从极乐至福世界前来传达神明信息的使者，为让母亲体验——

此时此刻、此处，就是极乐至福。

朋果出生之后大约一年，我们依旧过着照顾病人的生活，然而，当我怀上第五个孩子后，决定要做出改变。

当时我仍未走出怀朋果时所经历的苦，发自本能地不想再持续这么辛苦的状态，只想清闲自在地躺在大地上晒晒太阳、吹吹风。

先生理解并同意了。因此，肚子里的宝宝得以在只有家人环绕、轻松欢乐的日子里健康成长。

到预产期前一个月，我的孕肚已明显凸出，不过因皮下脂肪较少，我每次怀孕的肚子都不大，胎动的感受更加清晰，尤其这第五个孩子，常让我惊叹真是元气满溢。

仗着一切状况良好，我常一不小心就工作过头，一直忙到傍晚，宝宝就会强力推压，让我肚子僵硬紧绷，好像要传给妈妈什么警报似的。我便赶紧跟宝宝道歉并收工休息，感觉在掌控大局的是宝宝，不是我。

七月底，我还去了三重县海边的夏令营，跟大伙儿一起玩得很尽兴。一周旅行后，回到山里的家，才反省都快临盆了还出门远行，确实太劳累。然而，我们家早已排满行程，八月二日，先生要带老大和老二去青森演讲，然后再从青森直接到成田机场，飞美国旅行约一个月，奶奶和老三明朱花也一起去青森，家里就剩我和最小的孩子朋果。算一算，宝宝很可能在他们不在家时出生。

当然最理想的是，夏天旅行结束后，全家团聚迎接宝宝诞生，可是无法尽如人意。我暗自焦急，想跟家人倾诉，又觉得说了也没用。大家忙着准备行李，没人坐下来跟我讨论生产的事，转眼就到大家要出发的早上。

家里即将剩下我和两岁的朋果，以及狗狗大介、猫咪哈比。心里的忐忑，想说也说不出口。

临上车前，忽然隐约察觉到什么的果游，跑来抚摸我的肚子，一脸担忧地说："宝宝好像快出生了，等不等得到我们回来呢？"她认为宝宝诞生是全家的事，她也有责任帮忙，所以才会这么说。

我一听，泪水几乎夺眶而出。他们要到二十五日才回家，那时宝宝肯定已经出生了，这是孩子们的第一次海外旅行，我只能挤出一句："别担心，路上注意安全。"

挥手道别，直到车影消失眼前，世界骤然一片沉寂，我感到精疲力竭。那一整天，我跟朋果两个，怀着无依无靠的寂寞心情，恍恍惚惚地度过。

子宫开始二十分钟收缩一次

那天入夜后，朋果发烧了，让我心乱如麻，只能祈祷。翌日清晨终于退烧了，好像神明收到我的祈求似的，这给了我信心加持，同时勇敢做了独自分娩的心理准备。

"妈妈，起来！饭！"朋果跟往常一样起床喊饿的时候，子宫开始每二十分钟收缩一次。我确定今天要分娩了，只能兵来将挡，水来土掩，连日的寂寞害怕竟已不知不觉烟消云散。

心情虽轻松笃定，但无人协助，还必须照顾朋果和动物们的日常生活，可真是个挑战。硬起头皮一点一点开始准备吧！

早餐后，提早烧柴，准备泡澡水。（独自分娩老二时，曾有来不及烧泡澡水的经验。）生好柴火后，把握时间下田采些西红柿、小黄瓜，如果我无力做饭，可当朋果的点心。产后暂时不能外出，所以也得先为兔子割草备粮，并为猫狗煮了三天份的食物。产后暂时不能跟朋果玩，那就趁今天好好陪她玩个痛快吧!

下午一点,开始泡澡。跟朋果泡在热汤里,安静放松中,紧张的波浪一阵又一阵。

然后,先吃饱再说,顺便把朋果接下来两天的饭都预备好,之后,奶奶和明朱花会回来,那时就不用担心了。总之先把饭煮好,其余再看着办。

下午三点,厨房收拾完毕,该做的事差不多都做了,只剩准备产房。

根据四次在家生产的经验,产房必要之物其实不多。到这个阶段能从容不迫,也许是"习惯成自然"吧?六年前那次独自分娩时,好像在跟时间竞走,两相对照,这回真是"好整以暇"。

子宫收缩变成五分钟一次

不过,面对生命的紧张感却与经验多寡无关,每次都是全新且独一无二的。宫缩变成五分钟一次时,紧张感越来越高。

我面向墙壁,闭目坐在椅子上,心情神圣平静。

要不要打电话请朋友过来呢?我暗自思量。有人来或许可以帮上忙,但也可能人家比我更紧张不安,就像过去先生总比我紧张,外人肯定更害怕吧?

这一次,我想细细品味分娩的舒畅与解放,一如两年前分娩时,那种漂浮在云端的感觉。我想自己静静地、用身心灵去感受与宇宙合一的幸福。

是的,不如就一个人分娩吧!我下定了比过往更坚定的决心。

要怎么做呢?试着在脑中整理步骤,当下却脑袋一片空白,身体某个深处,莫名涌现一股热热的能量。

呼!深呼吸!好吧,全部交托出去了,交托给身体本能,交托给宝宝的力量、宇宙的意志……

睁开眼,来吧!行动吧!

我站起来,走进卧房,铺好我和朋果的床铺。朋果小姊姊将成为宝宝诞生的见证人。

接着将分娩所需用品、宝宝的衣服等,一一摆在床边,方便取用。这对独自分娩非常重要,毕竟过程中已无法移动去拿东西,产后也无法马上下床。

毛巾、浴巾、纱布、脱脂棉、用后即丢的柔软旧布、剪脐带的剪刀及木棉线、放胎盘的洗脸盆、垃圾桶、有盖的塑料水桶、热水壶、桌灯、手表、笔记本、铅笔。

还有分别装有热茶和梅酱番茶的两个水壶、宝宝的尿布和衣物、我的换洗衣物。

阵痛每两三分钟强势席卷

躺在床上看看四周，看来万事俱备。阵痛已来到每两三分钟强势席卷。

快了！我立即换上睡衣。

下午五点。朋果在户外玩了一天，肯定累了、困了，若她能好好熟睡，那真是谢天谢地。我邀她说："我们上床看书吧！"每天最爱睡前绘本故事时间的她率真地应好。

母女俩躺到床上，没翻几页绘本，肚子咕咕、咕咕地似排山倒海，阵痛剧烈达到顶点。我跟朋果说对不起、请等一下，放下绘本，开始"呼——呼——哈——"大口呼吸以舒缓剧痛，等翻越一座阵痛峻岭后，我们再次回到绘本。

就这样"翻山越岭"了四五次。看着我满脸纠结，不知情的朋果还催促着："快读啊！"庆幸她一点都没惊慌害怕。

"再等一下,现在妈妈肚子里的宝宝正努力要出来呦,妈妈也正在努力,朋果要乖喔,拜托了!"我尽量以平静的口吻说明,但脸部表情大概已纠成一团了。

我已到了忍耐的极限,正想起身的瞬间,破水!气势如虹。

靠墙坐着等待胎盘剥离

我赶紧调整手和膝盖、以四肢着地的坐姿,"哈、哈"地短促呼吸,放松全身之力,在心中对宝宝说:"好了,来吧!"

下一个瞬间,像正等待着这指令的宝宝,顺滑地从我耸立的双膝之间,安稳降落在我手上,元气饱满地呱呱发声。

啊!好了好了!终于告一段落。

五点二十分。我等待着胎盘自然剥离。把宝宝抱到胸前,在背后披上棉被,靠墙坐下来休息一下。

呼,多么庆幸!那个位置正好可以望向檐廊,户外景色尽入眼帘。魁伟的松树,为孩子们特制的、绑在橡木上的三个秋千,再过去是杂木林苍苍郁郁,静静蔓延向远方。这片平常风景,如今看起来却迥然不同。

夏季的黄昏为天空一寸寸添上暮色,森林蝉鸣如阵雨般响彻云霄。满山似乎都在对我悄然细语,并用沉稳的气氛怀抱着我。此刻,胸前的宝宝睁开眼睛,望向我。那一瞬或许只是弹指之间,我却感觉悠长如永恒,神圣无法言喻。

打破这片寂静的是朋果。

她突然连声喊叫:"宝宝,好小!""小鸡鸡!""脚好小!"

这是见证整个分娩过程的朋果,发出的第一声。

发愣的我这才回过神来,意识到朋果就在身旁。明明直到刚才为止都很在意朋果,但却有那么一瞬间,完全感觉不到朋果的存在,独自沉浸在自己的世界里。这让我自己感到惊讶错愕,同时也喜悦泉涌。

在那瞬间,朋果实实在在地帮助了我啊!她以不让我感觉到她存在的方式,静静守护在我身旁,这正是对我的最大支持。一定是这样吧!朋果,谢谢你!

朋果怎么看宝宝的出生呢?我望着朋果,正好奇寻思,她即刻回以亮闪闪的目光,连声欢呼:"宝宝!宝宝!"

"太好了!是不是好小啊?是个男孩喔!"仿佛什么

事都没发生似的，朋果跟我的日常对话又开始了。

感觉胎盘即将剥离，我请朋果帮我拿水壶，喝下准备好的梅酱番茶，感觉非常顺喉好喝。子宫马上轻微收缩，胎盘顺利剥离。又告一个段落。

在医院生产的孕妇不太有机会看到自己的胎盘，胎盘通常被当作污物直接丢弃。但我很喜欢看到胎盘时，那种觉得好不可思议、心不禁怦怦跳的感觉。那是联系自己与宝宝，为孕期尽心尽力的、身体的一部分，虽非一般定义的美观，但却美丽非凡。我们总是恭敬地带着感恩之情，好好将胎盘埋在庭院树下，祝愿"这孩子与这棵树一起茁壮成长"，并祈请树灵护佑。

一刀剪断脐带

接下来是剪脐带。

要将宝宝肚脐旁白韧韧、硬粗粗的脐带结好、剪断，微微紧张。我握着剪刀正要动手之际，朋果大叫："宝宝痛痛！"我一时怔然。

确实如此。在如此悠缓流畅的分娩过程中，邃然出现尖锐剪刀，确实有违和感，"仅仅在场"的朋果对分娩毫无成见，但从她眼里看来，确实如此吧。这些念头掠过我脑海。

我愣了片刻，然而，眼前别无他法。"真的，可能会痛……宝宝对不起喔"，我喃喃自语，随即一刀剪断。

"啊！把一个人带到人间""我的任务完成了"……卸下重负的同时，内心深处百感交集，泫然欲泣，不自觉地对宝宝说："从现在起，你就是你，是一个人呦，要好好活着喔！"

终于大功告成。

我先把包在毛巾里的宝宝哄睡，然后收拾东西、整理床铺，把要洗的衣物拿到浴室，把胎盘装进有盖的水桶、放在洗脸台角落……收拾善后时，宝宝哇哇哭了，如果可以的话，好想抱着他一边收拾，但实在力有未逮，我匆匆做完，准备就寝。

今天不给宝宝入浴了，直接让他穿上衣服，接下来就能好好休息。

这时却听到朋果呼叫："茶！饭！"

唉，这么晚了，饶了我吧！但话说回来，她还没吃晚餐，肯定很饿了。朋果也全神投入过程，这才想起来喊饿，真是位优秀可爱的生产见证人。

孩子心明眼亮，懂得何时可以表达意见，何时决不打扰产妇，实在是让大人都汗颜。当然这非经深思熟虑，纯然源自本能，浑然天成。

从这点来说，最理想的自然分娩见证人、助手，却是能够不带成见、仅仅安静陪伴在场的小孩。

这听来仿佛胡言乱语，却是我两次独自分娩真切的感受。

此时此刻此处就是极乐至福

我走去厨房，盛饭给朋果，她津津有味地把一大碗糙米饭加芝麻盐吃光光，饭饱茶足后，一脸灿笑说："妈妈，睡吧！"

望向时钟，确认一下先生在青森的行程，应该演讲刚结束，大家一起在用餐。时间正好！好想赶快打电话通知他。他虽不在此处，却一直与我同在。这是我们一起经历的分娩。拨电话时，我心里这么想，多亏有他，我才能体验这样的分娩，是他教导我"正食"，引领我在山间生活，为我创造这样的环境，因为这一切，我才可能体验这样美妙的自然分娩。

"刚刚出生了，是个男孩，很元气喔！"明明满心激动、胸有千言万语，却说不出太多话。

电话的另一端沉默半晌，传来"是吗……太好了……谢谢！"这句话。

想必他有点惊诧怎么就在今天，一时不知所措吧？他跟我一样只说得出简短三言两语，但我知道，此时他已热泪盈眶，仅仅如此就是满满的祝福。相信我的感受，他全都明白，喜悦与感动已传到他心中。

放下电话，晚上七点。夜幕低垂，整座山林都为了我们，轻轻地屏息，一切静止，犹如神明降临，将我们温柔环抱。寂静中，只有空气生气勃勃地流动。

我的左边是新生宝宝，右边是朋果，三个人并排躺着。朋果很快熟睡了，我也尝试入睡，却难以入眠。身体倦乏，但情绪依然高昂。

宝宝酣睡的气息，散发出小小生命的温度。生命不可思议！我的身体与世界没有区隔，我与万物生灵、孩子们的心，心心相印。我也对世界一切心生感谢，那是非比寻常、无法言传的心境。

我独自徜徉在那唯有安详与慈爱，一切都净空了的透明和平世界里。那是一个用任何语言形容都将失真的世界，完全不是有意识在思考的状态，或可说是，所有意识都消失了的世界。犹如从黑洞的另一侧穿出来，自我完全消融了，没有皮肤，没有身体。

母亲，是为了让宝宝的灵魂从远方彼岸通往这个世界的时光隧道；是为了将宝宝的身体从远方天涯运送到地球的宇宙飞船。

母亲的角色任务，仅仅是容器、通道，此外，什么都不是。

宝宝是从极乐至福世界前来传达神明信息的使者，为让母亲体验——此时此刻、此处，就是极乐至福。那信息超越言语与观念，长驱直入。

这样的平静安详，持续了几天。

三天后，明朱花和奶奶从青森回来，开始五人的生活。我的意识与身体逐渐回到现实，不过没有上次产后的沮丧感，而是持续的平稳愉悦，就这样安度宁静的夏日。

三星期后，先生回到家，我俩一起为宝宝取名为"卓道（タクト，Takuto）"，祝福他迈步走在自己想走的道路上，也期许他成为自己人生交响曲中自由挥舞指挥棒的人（タクト亦指"指挥棒"，为德文Taktstock的音译）。

福岛磐域山上桥本旧宅庭院的秋千

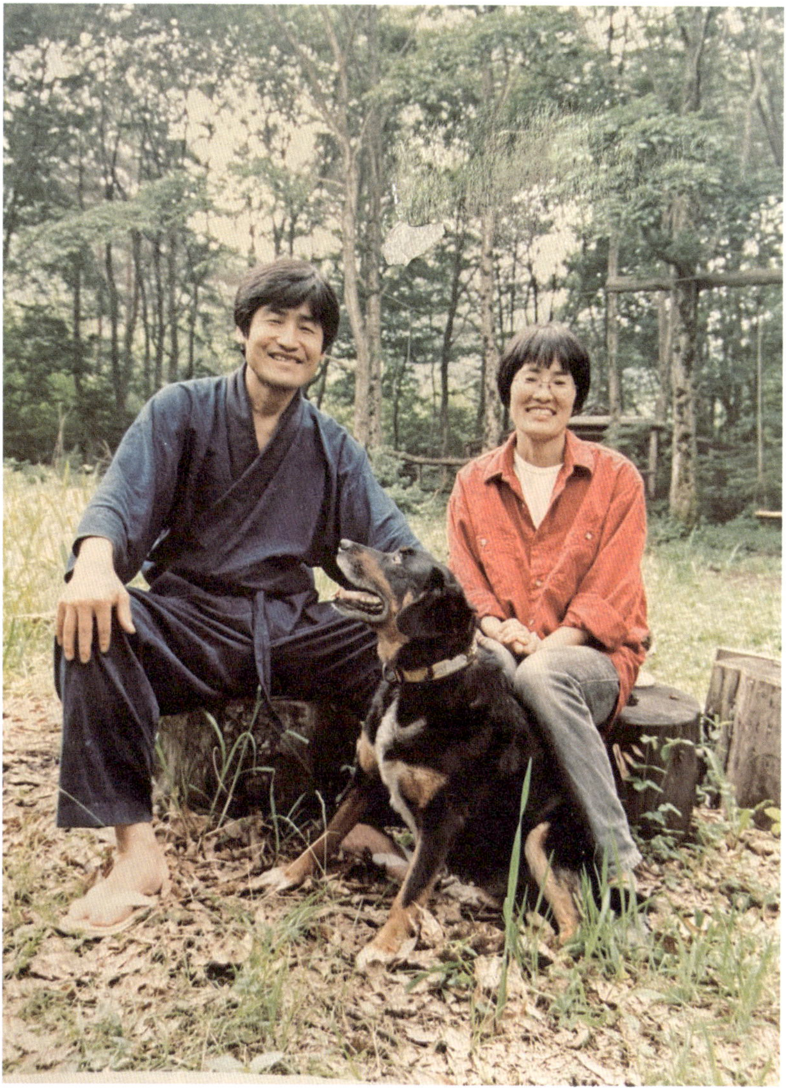

044　育儿道：善护生命中的"野性"

桥本家的女儿们也传承了母亲的纯天然育儿法,图为次女明朱花在家分娩当日留影。

坚持自然育儿，不但五个孩子都在家自然分娩、喝母奶长大，甚至次子连尿布都没用过，以母亲的灵敏直觉，精准接收婴孩的排泄信号，未曾漏接。

第3章 时光隧道与宇宙飞船 047

婚后选择住在深山里,就是为了在大自然中建立自给自足的天然生活,让孩子感受大自然给予的惊叹、好奇与感动。

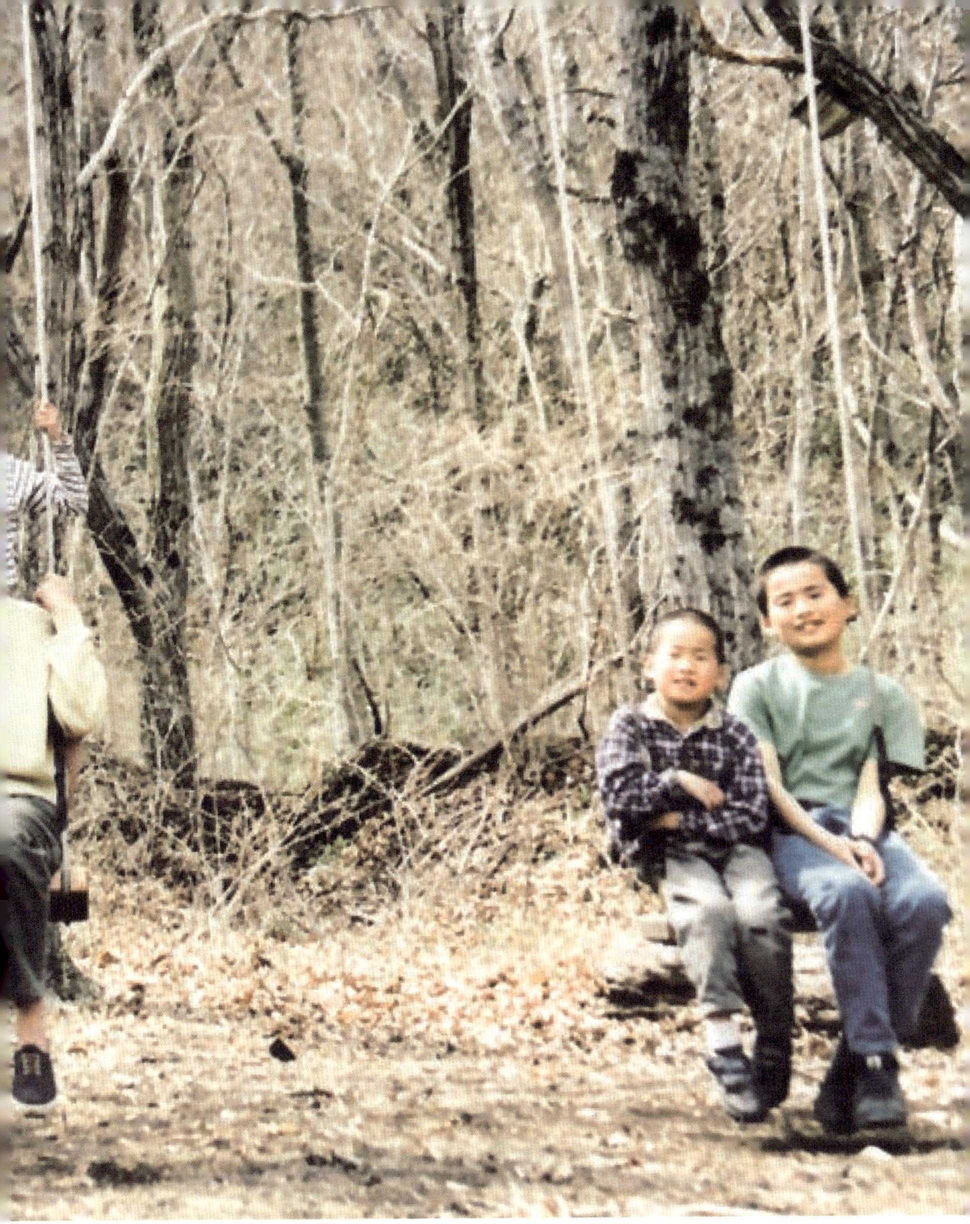

五个孩子在大自然中尽情玩耍，也参与劳动，用全身心去感受、成长与学习。

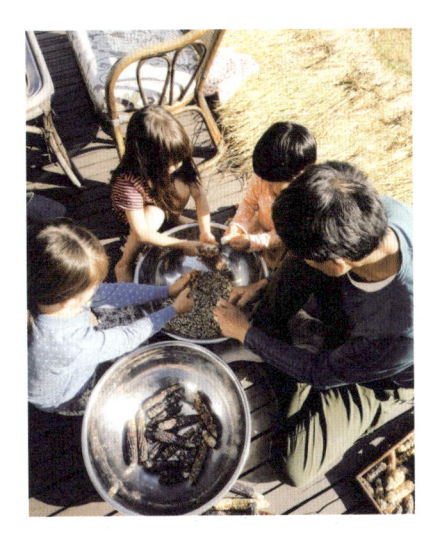

第3章 时光隧道与宇宙飞船　　051

育儿道：善护生命中的"野性"

京都郊区的桥本家，原为屋龄超过百年的古民宅，重新装修设计后，成为可以三代同堂的梦幻家园。也是与四周大自然美妙融合的艺术品。

家族三代一同在大自然中劳动、休憩、玩耍。

第3章 时光隧道与宇宙飞船 055

从小就在边玩边做中培养孩子"正食"的饮食观,以及亲手料理食物的能力与习惯。

桥本夫妇同心协力投入纯天然育儿持家理想，历经半世纪依然不改其志，并充满幸福感恩之情（上为新婚照，下为2023年5月京都家前院闲坐）。

第3章　时光隧道与宇宙飞船　　057

第 4 章

生死皆自然不是病

昔日，诞生与逝世一直与平常生活紧紧相依，然而到了近代，生与死几乎都在医院发生，这样是否正使得全人类对生命的感知逐渐减少呢？保育这种感知，是育儿的首要任务，在这方面，大自然能给予我们很大的帮助。我能对此有些领会，无疑是拜自然分娩经验所赐。

常有人问我："为什么不想靠他人协助，决定独自自然分娩？"

尽管知道这是个难以说明的主题，一路走来答复种种疑问，转眼已逾四十载。

虽然我明白以一般常识来思考，人家会这样问都是理所当然，但与此同时，我也对"自己做了不寻常的事"有了更深的自觉。到底该如何答复才能被理解？才不会被误会？实在相当困难。

探索人与宇宙的关系

面对这些常见疑问，我首先回答："只是想试试。"最坦诚、最直率的只有这句话。顿一下再继续说："我想确认自己是否还没失去生物的本能。因为我也是一种生物。"

"这么厉害的事，你才办得到。一般人不可能。"我并不喜欢听到这种说法，甚至有点失望被这样误解。

因为我真正想传达的是，我一点也不特别，只不过是亲身体验后，稍微探触到这种人人本具的自然力量。那是非常幸福的体验，分娩是体验这股力量的机会，而且是极为珍贵的绝佳机会。如果有更多人发现这一点、更多人好好珍惜自己和孩子，就太好了。整个社会变得更尊重生命，就太好了。

我想传达的仅仅是这些。

在此必须声明，我重视"自然地存在"，但不是一味崇拜自然。虽然自我挑战自然分娩，却不认为所有人都该那样，也没打算劝人人豁出性命做有勇无谋的举动。每一个人的自然性、身心，以及生活背景都不同，只要能在所处的状态中深入自我检视、走自己相信的路就好。

我也没否定在医院分娩与医疗。因为对有需要的人而言，这些是重要的支援、救命的绳索。无论如何都必须珍惜生命、保护生命。但我希望那些无视自然之力、一切以经济优先的医疗可以停止，希望人人拥有自我思考判断能力及决策力。

重要的，不是分娩的形式、手法，而是人与宇宙的关系。正视自己身心，探索神秘，找到全新的发现与感动，各自追求自身的最大幸福，亲子必定会共同开发一生的宝藏。

保育对生命的感知

也有人问,不依赖他人的协助,靠自力分娩,那不是孤独的状态吗?

完全不是。

透过自身经验,我更确信生产时"三位一体"的力量之必要——母亲＋新生命＋宇宙力量。这些力量同时运行,相融相合,方能成就幸福分娩的瞬间。我深奉此为真理,可是,现代社会和母婴相关专业人士有没有认知到这点呢?只能说,至少我从没自书籍和专业人士那里学到这一点。

唯一例外的是,生完五个孩子后,我专程去拜访日本原住民阿伊努族最后的产婆——青木爱子女士。

预知我将至并等待着我的爱子女士,有种非比寻常的气质,宛如一位萨满巫师。在我的报告与提问之间,从她眼神深处读到她传给我的信息:"使用与自然联结的力量活下去!带着自己的使命活下去!"这信息超越了语言能表达的范畴,是我以整个身心灵收到的信息。

"分娩"不是病,是生物的自然运作、人生初始的一个活动；"死"也不是病，是终将降临到每个生命的自然运作、作为人生终结的一件事。在这期间的"人生"，诸事来去如流，每个人都能普通地、平等地走过"出生、活着、死亡"的过程。只要细细品味、好好活着就好。

现代医疗发达，"死"渐渐成为难以近距离体验的事，婴儿的出生亦然。昔日社会生活中，诞生与逝世一直与平常生活紧紧相依，然而到了近代，生与死几乎都在医院发生，这样的历史演进，是否正使得全人类对生命的感知逐渐减少呢？

当然，并不能全归因于此，只是，对生命的敬畏之情、对弱者的体谅与同理心，这些感性与觉知是否都逐渐在变弱呢？团体里的霸凌问题、不断增加的自杀案件，或许都是这种感性衰微所致的现象。为此忧心的，应该不只我一人。

我觉得，对生命的无常危脆、尊贵丰富有所感知，是极其重要且人人绝不该失去的能力。保育这种感知，是育儿的首要任务，在这方面，大自然存在伟大的力量，能给予我们很大的帮助。

平凡如我能对这些道理有些许领会，且心情轻快地活着，无疑是拜自然分娩经验所赐。

第 5 章

育儿优先的生活

母亲对宝宝各种微妙反应的觉察能力,对反映宝宝生理现象种种信号的接收力,这是人类在进步过程中不知不觉失去的生物本能,有必要再次唤醒。就在日常育儿生活中,边观察边让宝宝来教育、开发妈妈自己,把觉知一再磨得清透锐利。

育儿生活从产后瞬间即开始。

生产之后忙碌的日常生活，一切以养育新生命为优先。我家五个孩子都吃母乳，离乳食也是完全亲手制作的纯素食。

一般人听到"喂母乳""亲手做"的反应都是："唉，好辛苦！"觉得那怎么可能，其实反过来看，这恰是最不费力的育儿方式。

外出时、犯困时、心情不好时，宝宝的一切状况都能以万能母乳来应付。不需要准备热水、不需要消毒奶瓶，也不需要考虑时间与场所，一切掌握在母亲手中，妈妈多轻松方便！

母乳含免疫元素，是守护宝宝健康的最佳盟友。很多人担忧无法计量的母乳是否足够，但我相信能生产的母体必能分泌养育宝宝的母乳，当然，前提是母体健康、营养和休息都充分。宝宝吃母乳，多健康幸福！

喂母乳不必采购配方奶粉，能减少花费，又能换来宝宝顺利成长，真可谓"一石多鸟"。

离乳食其实也能利用平日准备三餐的同时，在家人的饮食中选取可制成副食品的食材，下点功夫即可做成宝宝副食品，如此一来，不需另外花费时间就能完成。放下"营养均衡必须做到完美"的执念，在优质母乳还充分的时期与副食品并用进行，不必过于神经质。

自制食物除了有助养育健康身心外，比这个更大的收获是，饮食习惯将影响此后长远的亲子关系。

这时期正是建立亲子间亲密联系的阶段，良好的联系会让此后的育儿生活变得较轻松。孩子的身体状况取决于吃进口里的东西（母乳和离乳食），体内若不舒畅，则闹别扭哭泣；若舒畅，则笑容满脸心情好，亲子沟通变得容易且自然。过程中育儿烦恼减少，对母亲来说更轻松，对孩子的成长来说，也没身心压力。

"亲自下厨"和"外食外卖"，只从当下的时间点来看，当然是前者比较费时费力。时下社会习惯将时间、劳力等等一切都量化计较，在此暂且不讨论对此有何看法，毕竟要不要这样，全凭个人自由。我个人始终认为并且坚信，隐藏在那些空洞数字背后的，是被人草率忽略的、无法估量的伟大价值，点滴用心保护那些价值，成果自会随着孩子长大而展现,成果将是最有力的说明。

"入口"与"出口"都重要

"入口与出口极为重要",这句格言适用于人生与万事万物,入口出口可理解为"出生与死亡"或"进食与排泄"。

让我再次说明"入口"。

婴儿时期的食物是母乳,在日本称为"白色血液"。母乳为宝宝制造血液、细胞,让宝宝身体成长,这是多么不可思议的、单纯又美丽的神秘礼物,只要母亲提供良好母乳,孩子定能顺利成长。

演讲时,我常常对年轻的母亲们说:"孩子的血液、细胞、头脑是由你们吃进口里的东西制造的"、"你们透过亲手料理,既可制毒也可制药。你们持有如此大的力量"。

我每次都很想对她们这么说:"不需要事事完美,但请为自己持有这样的能力而感动,带着尊严好好善用。"

再分享一个我的育儿特点。

我坚持自然生产、自然育儿,在日常生活中对"入口"抱持至大关心,也有相当的心得;对"出口"亦然。

我每天观察婴儿排泄物,作为健康状态量表,透过观察颜色和形状,便能得知大致健康状态。

最初我使用尿布。当时是一次性尿片的全盛时期,但我还是使用传统棉布尿布,每天洗尿布洗到日暮西垂。

我坚持使用尿布的理由主要有二。

其一是站在环保角度,生产纸尿片损害森林、浪费能源、消耗经济。我计算过养育一个孩子需要浪费的额度,具体数字已经忘了,但还记得当时自己相当震惊。这是全球婴儿们正在被动进行中的悲剧。

其二是站在婴儿的角度。在尿布上排泄时所感受到的不愉悦,是纸尿片没有的(毕竟纸尿片就是为了减轻这种不愉悦而发明的),对此我抱持疑问。使用纸尿片,父母固然比较轻松,但对新生命作为生物的丰富感知来说,究竟是好事还是坏事?

我思考的结果是,让孩子能够敏锐地感受不快与愉快两种感受,应该最重要。

感受尿布脏湿时的不快,也感受换尿布后干爽的愉快,意识到大人为自己费心费力不怕麻烦,这是唤醒丰富细腻感知能力的宝贵过程。怀着这样的想法,我用棉尿布养育了前四个孩子。

可是我心里始终仍有个疙瘩。除了人类，其他生物都没用尿布。那古人是怎么处理的呢？

当然，我知道无视文明进化的跳跃式推论并不科学，这只是我个人对人类的自然感知纯兴趣的遐想。古人怎样做，那我是不是也可以一样做做看？

挑战完全不用尿布

于是，第五个孩子一出生，我就决心挑战完全不用尿布。当然前提必须是不弄脏衣服和寝具，不然搞得更费工夫就本末倒置了。

我下定决心，一次都不要失败。结果，证明这是办得到的。

幺儿从出生就没用过尿布，也没因此造成任何闪失与麻烦。他让我看到作为生物自然活着的正确姿态，感动之余，也不禁想称赞用心面对、铆尽全力的自己。

这是怎么办到的呢？说来话长，扼要来说，关键就在"负责对应的大人（母亲）"的"生命觉知力"。

那是不怕麻烦的决心，以及母亲对宝宝各种微妙反应的觉察能力、对反映宝宝生理现象（想要排泄）种种信号的接收力。这是人类在进步过程中不知不觉失去的生物本能，有必要再次唤醒。就在日常育儿生活中，边观察边让宝宝来教育、开发妈妈自己，把觉知一再磨得清透锐利。

具体来说，先反复观察宝宝细微的表情、呼吸、动作，如此一来，就能知道还无法用言语表达的婴儿想要排泄时所发出的信号。这些信号实在太过微细，通常不能立刻发现，这就是为什么说"需要母亲敏锐的感知能力"。

一察觉这个信号出现，应即刻回应，将他抱起，让他排泄。最初有成功，也有误判，母子不断累积成功经验后，呼吸会更加契合、关系也会更加亲密，同时彼此的感知能力也更加增长。甚至可以说，有一种心有灵犀的感通牵绊也越来越强了，此后，这对其他育儿相关的事务也会有正向的影响。

当然，对现代人来说，要磨炼这种感知能力，从时间到生活方式的角度来说都不容易。这需要投入相当的时间，也需要相当的毅力。每天一厘米、一厘米，如同铺叠一层又一层薄皮。不过，我深信任何做母亲的人都可以培养这样的能力，毕竟我也办到了。

如今，我的女儿们也继承了这样的方式在养育她们自己的儿女。

孩子从母亲体内出生，没有母亲就不能出生。母亲是被托付万般信赖的脆弱存在。既然如此，身为被孩子选上的母亲，只要为完成责任而努力就好。就算有时遇到布满荆棘的山路，就算难免烦恼纷扰，但同时必也会有极大的学习与成长，将在喜悦与祝福中，由衷深感满足。

日常作息就是家教

从出生到幼儿期、学童期的家庭教育非常重要。

所谓家教，并非什么特别的事，不过是日常生活作息。起床、用餐、玩耍、睡觉，这些平常普通的行为里，充满着培育人身心灵与社会性的重要元素。

细胞不停分裂、快速成长的孩提时期，是奠定人生基础的时期。从摄取食物制造血液，从血液制造细胞，如果说"我们的生命是以食物制造的"，相信没有人会有异议。

让孩子有个健康的身体是天下父母共同的心愿。为了制造孩子的良好血液，我和先生决定全家一起过只吃自然谷物蔬果的纯素生活。当时，这是需要勇气的艰难选择。商店没卖无农药的自然食材，餐厅菜单也没素食选项，我们只能精挑细选调味料与食材，全部亲手烹调，外出时则带便当。

如今，"素食""有机"渐渐普及世界，令人欣慰。我想，大概是因为人类过度使用农药及添加物，造成的弊害已越来越显著。从历史角度思考，为了增产粮食、稳定粮食供应而开发的农药，以及为了长期保存与全球化运输、让生活更便利而问世的添加物，都是可以理解的，从某方面来说，社会也因此受惠。因此，我并不是主张回归一个完全没这些产物的古代社会，只是觉得我们应好好思考它们对人体与环境的影响，不该一味偏重经济或贪求一时便利，而将"创造健全生命"这个普遍的社会目标置之度外。

人类对任何事物都可能欲念膨胀，想要更便利、更多更多；然而，当欲念膨胀在饮食上，是不是造成了因体内囤积化学添加物而身体不适、病痛增加的结果呢？我并非专家，不想论述两者之间的因果关系，只是为现今的孩子感到忧心。

我和先生是接触化学添加物的第一代，我们的孩子是第二代，孙子是第三代。化学添加物已累积了漫长岁月。天生过敏、哮喘、肥胖等等儿童疾病和疑难杂症，正在急速增加；全球变暖、大环境各种弊害，也正在急速增加。

全体人类社会不得不学习如何取舍欲念。以个体而言，若想营造健康幸福的人生，则须为摄取安全食物而努力，越多人实践"不增加环境负担、对健康有益的饮食习惯"越好。

我们家的餐桌祷告

后面我将更详细介绍我家的饮食习惯，在此之前，让我先谈谈我家用餐的一个特点。

我家有个从大女儿出生开始的传统习惯，那就是餐前大家一起合掌说：

"感谢太阳、土、风、水，赐我美味食物……"

第二句随三餐稍微变化，早餐时是"……希望今天也能开开心心地玩耍"，午餐时是"……今天也开开心心地玩耍"，晚餐时是"……今天也开开心心地玩耍了"。

这是我们夫妇俩自创的餐前感谢词，浓缩了我们希望孩子"好好感受并感谢孕育食材的大自然"的愿望。为让孩子一起说出，我们选用幼儿也能明白的简单词汇，四十多年后的今天，孙子们也能大声念诵，三个世代一起同声齐诵。

在我们举办的半断食课程中，也使用这个餐前感谢词，来自全国各地的学员在餐前认真念诵。几年前，有位来我们家玩的小学生很得意地跟我先生说："叔叔，我来教您，这是吃饭前要说的话喔！"他琅琅道出的竟然就是我们家的传统感谢词。先生满脸笑容地逗他说："嗯，

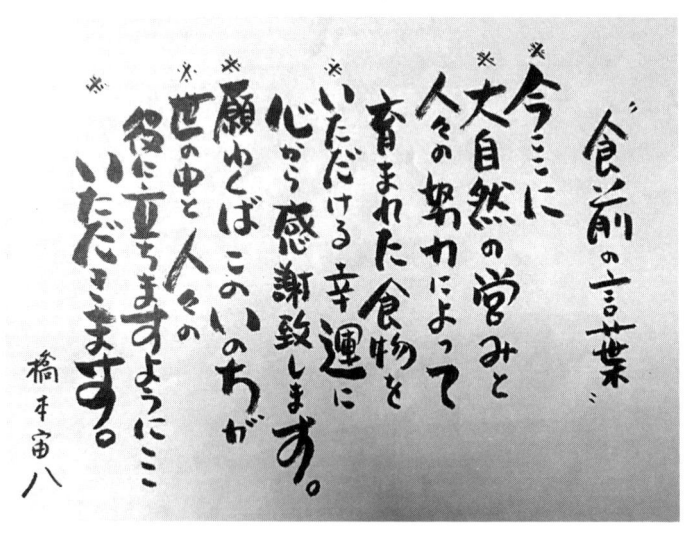

食前の言葉

今ここに
大自然の営みと
人々の努力によって
育まれた食物を
いただける幸運に
心から感謝致します。
願わくばこのいのちが
世の中と人々の
役に立ちますように
いただきます。

橋本宙八

半断食课程中使用的餐前感谢词。

真是不错的感谢词,这是叔叔自创的喔!"小学生听了瞬时目瞪口呆。

原来三十年前带着小孩前来参加半断食课程的学员,把餐前感谢词的习惯带回家,后来小孩长大、结婚生子,也在自己的家庭延续这个习惯,餐前感谢词也在那个家族传承了三个世代。

这真是可遇不可求的惊喜!

第 6 章

"正食"的生活哲学

『正食』是结合了东洋医学、汉方思维和日本传统家庭医疗的健康长寿饮食法。

首先要强调的是『一物全食』，

其次是『身土不二』。

从阴阳的角度来思考饮食，

从环境、人体、食材、烹调方法，乃至进食细节，方方面面拿捏平衡，

最终以『中庸』为目标。

我们家的生活基本上是淳朴的乡间生活，日常饮食则是天然蔬食，简而言之，类似近年被认定为"安心安全饮食"的所谓"自然食""素食"。虽说相似，但我们实践的不只是"饮食方式"，而是一种以"正食"生活哲学与世界观为根基的饮食法。

　　我们家日常摄取什么食物？先从调味料开始简单说明。

　　我们家的基本调味料是盐、味噌、酱油、醋、味醂、油。几十年来我持续使用几个爱用的品牌。常用的酱油有浓味和淡味；味噌有米味噌、豆味噌、白味噌三种；醋有米醋、苹果醋、梅子醋、意大利黑醋四种；油有菜籽油、麻油、橄榄油三种。简单但丰富，随时加些辛香料和香草，组合变化，便可创出各种新美味，完全不觉得麻烦，而且还能偶遇"一期一会"的独特滋味。

　　每天都要用到的调味料，如果含有化学添加物，那就丧失自然的原则了。所以，我使用的是以传统古法制造的天然调味料，长时间静置发酵，慢慢酝酿出来的甘味最为理想。

现在市面上贩卖的调味料，大多是短时间大量生产且添加了添加物的产品。为了不让消费者厌倦，频频推出各种高汤、酱料等便利包，多数产品买了一次还没吃完可能就觉得腻了，所以我不大会被商业消费策略煽动。

为幼儿打稳味觉基础

我们的味觉很容易被人工调味欺骗，然后变得麻木。为了不让味觉麻木，就要打稳味觉的基础，尤其幼龄期更为关键。至少在小孩三岁之前，可能的话到五六岁之前，都要好好地培育味觉。这不是要使用味道强烈的调味料，当然也不是仅仅讨好舌尖的食物，而是为孩子准备可以感受味道的微妙、并带着鲜味甘味的自然饮食。

日本以米和麦等谷类为主食，这些我们都向不使用农药及化学肥料的农家直接购买。现在也有越来越多消费者直接向农家购买。我们家曾经几十年光顾相同农家，近年把"扩大自给自足"纳入理想，还开始自己种米种麦。

接下来是各种食材。蔬菜、豆类、蕈菇类、海藻类，以及用这些食材加工的食品，如豆腐、豆皮、烤麸等，基本上也是选用无农药、无化学肥料培植的食材。我们家在田地种植各季蔬菜，在山里培植蕈菇，但只在家人可愉快生产的范围，不足够时则购买，朋友和邻居也常送食材过来，已近乎自给自足。

这样的社区交流很值得感恩，而且平日就建立互助关系也很重要，在天有不测之际能彼此支援，靠的就是平日积累的情分。

早在半世纪前，我们就开始了这种直到近年才较为人知的饮食法。这一路走来，其实并不轻松。带小孩外出时，必定带着点心和便当；家族旅行几日时，必定在车厢装满旅途所需粮食，还得把锅碗瓢盆都带上，有点像时下的露营车之旅，食材则在沿途菜市场随机购买。以世俗标准来看，那确实相当麻烦，不过其实也别有乐趣。育儿时期的饮食，我们家就这样严格地实践自然纯素的饮食。

亲手加工保存食物以惜福

除了亲手烹调日常饮食，我也尽量自己亲手做保存食品、腌渍品。

日本自古以来，家家户户都有像常备药般珍贵的梅干、糠渍、腌萝卜。多余的蔬菜，用盐或醋腌渍，或是风干晒干，尽可能一点都不浪费。古早乡下人家都是这样自己亲手处理食物的。

这种保存食物的生活智慧，是世界各地都有的传统。这些都是经过漫长历史淬炼、进化才传承下来的活智慧，近代世界全球化之后，这些智慧逐渐失传，实在非常可惜。

昔时因应无常天灾、缺粮随时可能降临，而用心保存食物以备不时之需，现代就算生活再便利，谁能断言未来绝对不会面临生存危机呢？所谓"有备无患"，这是珍重人类未来的智慧与生活文化，我想好好守护传承。

有个源自室町时代（约公元14~16世纪）的日本词汇"勿体无い"（もったいない，读作mottainai），意思是舍不得物品被糟蹋浪费，觉得"好可惜"。曾获诺贝尔和平奖的肯尼亚女性社会运动家旺加里·马塔伊（Wangari Maathai）造访日本时，听到这个词深受感动，认为"勿体无い"兼容并蓄"缩减"（reduce）、"再利用"（reuse）、循环永续（recycle）深义之外，还充满对天地的敬意（respect），于是在世界各地推行MOTTAINAI Campaign，大力倡导"好可惜精神"，因而现在不少国际生态学者都知道这个日文词汇。

在鼓励消费、物质泛滥、浪费成风的时代，这个日本古老词汇反倒被新世界所推崇。菜田收成太多时，不舍得丢弃，于是腌渍或晒干来保存，这种手作耐存食品便是源自"勿体无い"的文化传统。我们家附近曾经有些无人管理的果树，每当时节来临都果实累累，即使被鸟吃了大半也还有剩，"勿体无い"好可惜，所以我取得地主同意，每每采来加工成一年份的果酱等耐存食品，内心充满感恩之情。

日日持续随兴实验

过着如此讲究食材、坚持亲手烹饪的饮食生活，想必是很喜欢且很擅长烹饪吧？

我常被这样误会。我绝对算不上是以烹饪为志趣或乐于烹饪的人，甚至可说是刚好相反。

原本的我对食物完全不执着。相较于一般人，我对食物实在不大在意，只要能吃，吃什么都无所谓。或许可以这么说，因为对食物没什么执着，只是对饮食哲学的思考蛮有兴趣，所以反而可以简单下个决心，亲身去实践某种饮食方法来一探究竟。如果对食物有强烈欲望，要改变饮食生活可能很不容易，对孩子们的饮食教育也可能更辛苦。

我真心想了解饮食是不是真的深切影响生命发展，透过每日不断实行体会，我成功地"证实"了。之所以能一路坚持下来，其实是因为这样的自我发现实在非常有趣，如此而已。

我的烹饪极为简单，不过是充分利用现有食材的家常菜，只是，我会尽可能保留食材的生命力、引出食材的原味，也会为变化菜色费点心思。原本脑袋里没什么食谱的我，不得不准备全家饮食、病人药膳，以及节庆佳肴，当然吃了不少苦头，也付出很多努力。

不过，别勉强自己才可能持续。饮食是一生相随的事，顶重要的是量力而为，不勉强。

我的烹调方法是交错使用生食、蒸、煎、炒、煮、发酵等传统方法，也会参考世界各地食谱，连点心小吃、生日蛋糕、甜点、派对宴席等等，也都尝试亲手包办，现在已越来越享受烹饪也享受用餐。

我认为即便再忙，也尽量不要用忙作借口，而不亲手料理食物。只要稍微用心、下点功夫，也可以做做"省时料理"。例如允许自己做一锅"什么都放进去的汤"就好，以轻松的心情下厨，斗志和巧思总会意外地油然而生，而后烹饪将渐渐越来越有趣。

当然，在特别的日子和旅行时，享受一下外食也是好事，只是鼓励大家尽量以"自己的饮食自己负责"为本。

请注意，不要谴责自己。改变生活习惯本来就不容易，朝着理想的方向一步一步慢慢前进就好，这样比较切合现实。

我自己也是这样，原本对烹饪兴趣缺缺，是在每天持续的漫长过程中，才发现个中兴味，后来能在三十分钟内做出五道菜，自觉好得意、好有成就感，烹饪于是渐渐成为日常家事主轴。

持续，就是最大的进步。即使到现在，我也称不上是热爱烹饪的料理达人，可是，每天不过花短短时间、少少努力，就能守护家人健康快乐，报酬率这么高的工作，实在太值得了。

医食同源身土不二

我们家饮食的核心是"正食"的哲学思想。透过烹饪去落实，哲学变得具体清晰，非常有趣。我常一边烹饪，一边在脑里细细思辨。

正食有宛如东西方文化交辉的相对论，也有如物质与"气"能量兼容的宇宙论，虽然学习已久，但以我的智力只达略知一二的程度，无法深入浅出阐述这个哲学。所以，在此仅向大家介绍实践篇的具体方法，以自然谷类果菜，体验身心的自然性。这个方法也被当作瘦身妙方、饮食养生法，现已流传世界各地。

"正食"哲学认为身心状态根源于饮食，主要分为"日常饮食"及"治病的疗养菜单（药膳）"两种。日本向有"医食同源"之说，据知是来自中国古早的"药食同源"思想。"正食"简而言之是，结合了东洋医学、汉方（中医）思维和日本传统家庭医疗的健康长寿饮食法。

平日身体若稍微不调，光从饮食略微调理，即可恢复平衡。不依赖医疗，而是在家中自行调养，这有助于从生病的不安情绪中解脱，精神层面也得到释放。这点是经过我们全家人多年来的亲身体验，也目睹很多人藉此从病苦中恢复所得出的结论，对在生老病死中的每个人都大有益处。所谓"家庭厨房是生命的药局"一说，即由此而来。

具体的烹饪方法，首先要强调的是"一物全食"。简单来说是，不去皮、不丢弃的料理法。

除了少数不得不去皮的食材，一般基本上从内到外、从头到尾一律食用。现代人把红萝卜、白萝卜的叶子都当垃圾丢弃，但其实连皮带叶完整摄取，能量更强，营养价值更高。明明不去皮比较好吃，也比较省事，不知道为什么现在会演变成习惯去皮？不过，如果是农药较多的蔬果，还是去皮较好。

其次，"身土不二"的思想也很重要。尽量选用当地风土与气候养育出来的食材。例如，日本夏季与冬季的温差很大，各季采收的农作物也大不相同。炎炎夏日，有降低身体热量的西红柿和小黄瓜；寒冷冬天，则有提高身体热量的红萝卜、白萝卜、牛蒡等根茎类蔬菜。农作物配合季节而生长是自然法则，人也是自然的一部分，顺随自然循环而生活，对身心的压力都较少。

多样化与全球化日新月异的现代，随着农业技术的发展，各种农作物不分季节皆可培植采收，市场上因而可以全年出现相同的食材。在这种现实下，我们更是不得不思考地球广大多元性与各地每个微小生命个性间的微妙联动关系。为了尽量与大自然"配对"，料理的使命顺应而生，提升料理技术也更形必要。

调和阴阳保护环境

除此之外，在全球化时代，世界粮食偏倚失衡、环境破坏、经济不均等问题，与每个人的生活息息相关，认真从永续观点来检验生活饮食，是非常重要的。那是"地球只有一个""我们都是地球人"的思考方式。

无论何时何地，人人都可能取得世界各地粮食，这乍看是值得高兴的事，可是，我们真的需要世界另一端的粮食吗？毁灭森林只为了制造肉类，真的有必要吗？粮食分配如此不均，真的好吗？希望大家稍微停下来，腾出内心空间思考一下，只要每个人改善百分之一，整个地球肯定会有极大变化。

以具体细节来说，即是"保持阴阳调和的料理"。这是与其他减肥法、健康饮食法最不同之处。其根本思想为，世间万事万物皆为阴与阳两个要素组合，阴阳消长平衡的力量，维持了恒常变化流转。

从阴阳的角度来思考饮食，从环境、人体、食材、烹调方法，乃至进食细节，方方面面拿捏平衡，最终以"中庸"为目标。例如不吃肉类等动物性食品和白砂糖，并非消极排斥，而是基于"为了更容易取得阴阳平衡"，把阴阳当选择食物的"指南针"，让进食后的身体状态接近中庸，则更容易自我管理、维持健康。

正食哲学认为，身体状况不佳的原因是身心内在阴阳失衡，或者身体跟外部环境关系的阴阳失衡，因此只要给予有助恢复阴阳平衡的饮食，则能恢复健康。例如，感冒发烧时，先诊断发烧的阴阳，如果是阳热则补充酸味果汁，如果是阴热，则供应葛粉汤、番茶。头痛与腹痛也一样辨症进食。

小孩身体不适时，未必需要就医治疗，只要平时观察孩子状况，善用阴阳的知识、累积经验，妈妈就能宛如家庭医师，简单解决轻度不适。

科学药物的药效迅速，相较之下，饮食疗法、古老传统医疗普遍不被重视了，然而，那样的疗法温柔对待身体，往往更能从根本处理问题，达到改善体质的结果，也不大需要担忧副作用，是更令人安心的方法。非常遗憾的是这些智慧正在渐渐失传，我认为有必要趁早开始请教身边的老人家，将传统生活智慧好好传承下去。

但说到底，"防病于未然"才是最理想的保健法，其实只要以日常饮食维持良好的血液状态，就不容易生病，日常生活才是最重要的。

现在，我已有八个孙子孙女，分别为零岁至八岁，其中六个正以"正食"理念、采纯素无化学添加物的饮食原则养育。

我们家的饮食方式，如今已由三名女儿继承，在各自家庭中实践发扬。作为母亲，我很为此欣慰，但我从没建议或劝说过她们，是她们自己觉得她们被养育的方式是理所当然的。当然，她们明白这样的方式在社会上是少数，也早知道婉拒学校营养午餐、每天亲手做便当有多麻烦，不买超市零食有多不便，但她们仍选择延续娘家的生活方式，应该是她们实际感觉到受惠于这种生活方式吧！

孩子的避风港防波堤

我常被问道，孩子小时候曾质疑挑战家里的饮食生活吗？即便过了四十年，仍有人问。可见，很多人觉得这是个难题，也为此苦恼。

这确实让我煞费心思。

我对这个问题的回答，简单说就是"没有"，更准确点说，应该是"在我看来没有"。但这并不是说我们完美控制了孩子，或不在乎孩子的欲求。

我们家孩子的日常饮食就是大人摆在餐桌上的，我只是默默准备、淡淡提供天然、纯素、手作料理，无论身心都只以这种方式照顾，一切尽在日积月累潜移默化之中。

孩子们或许不是自觉认同，而是半接受、半放弃地渐渐妥协调和吧？也因我们没提供其他饮食，孩子们根本没有选择余地。我从未问过孩子们，问了或许也只得到"不知道"的答复吧？

孩子们长大后才听说"正食""素食"这些词汇，而且是从他人口中听到，还回家问我那是什么。这种饮食方式对他们来说不是一种理论或概念，而是从一出生就一路顺随的日常生活。

我知道一般人会觉得我们家的饮食不大"普通""正常"，我也知道，社会对"差异"并不是很宽容，所以，早在我们做此选择之初，已对沿途可能遭遇的风暴有心理准备，但对可能伤及孩子的风暴，则必须谨慎闪避。父母是孩子的避风港、防波堤，要尽可能低调地守护。

坚持自己的道路固然重要，让孩子们对差异有所觉察，懂得如何与社会、他人和睦共处，也很重要。无论生在什么时代、什么环境，人生总得边走边摸索平衡之道。我认为，父母能为孩子做的，仅仅是培育孩子身心健康的基础。当孩子还在父母身边的时候，父母的日常生活方式与态度就是教育，离开父母后，则随个人自由发展。

我们家的孩子都在十几岁相继离家，或往城市，或往海外，不再受父母视线与价值观的约束，饮食和生活方式当然也完全自由，肯定有过不少冒险挑战吧？有冒险挑战是理所当然的，完全没有反叫人担心。

吃从未吃过的食物，身心必然都有反应，不过，只要能靠自力治愈就没问题，这就是发挥所谓的"生命力"。当饮食习惯改变，身体这"有机体"也会随机应变，这不正是探索饮食与身体微妙关系的精彩有趣之处？虽然当下难免惊讶困惑，但在面对的过程中，将逐渐领会如何与身体达成协议，找到真正合适自己的饮食。

一路走来，我这母亲肯定有许多做得不好或不够的地方，但我已尽力，此后就交棒托付给孩子们继续前进。

如今，孩子们各自成家，也建立了自己的生活。看到儿孙都健健康康、活活泼泼，作为父母的我们，应该可以坦然自信，我们给予的家庭生活对他们的人生多少有些帮助吧！

第 7 章

以孩子为师

孩子虽是从我的身体而出,
但我几乎没有『这是我的』的感受。
分娩时就觉得,
孩子们像是从远方穿越我的身体而来。
孩子常感受到我所无法感受到的,
也会被某些我根本浑然不知不觉的事物所影响,
我既无法判断,也怕自以为是地去判断。

孩子们年龄各隔两岁的手足关系，非常有趣。

有时独自一人，有时两人一组，有时合成一团，关系变化无穷，几乎叫人怀疑是否有谁在某处巧妙遥控似的。

孩子发出的"独立宣言"

果游总扮演长女的角色，弟妹都绝对信赖她，甚至比信赖父母更深。可见她平时多么照顾弟妹们。果游六岁时，在山里的小学分校读了一学期后，便决定在家自学。我们感觉她越来越紧绷，所以在跟她讨论之后（话虽如此，她才六岁，或多或少是遵从父母之意），做了这样的决定。

当时的我们认为，无论在学校体制内外，都应尊重个性，自由选择学习方式。也许多少受到这种想法的影响，五年之后，她又主动提出，想去上小学最后的六年级。

在家自学的日常，除了中午前少许自学自习的时间，其他时间都自由玩耍。家事和料理则由大家一起合作。这个弟妹众多的长姊，其实从小一直辅助着家事能力欠佳的母亲，小小年纪便展现超群出众的主妇风范。

卸下这些角色责任，自由独处时，她经常哼哼唱唱。她那些灵光一现的旋律、即兴的歌曲，我都真心欣赏。我曾经奋笔疾书，记录下听到的歌词，例如下面这首，她自顾哼唱了快一个小时：

我出生在地球
我好喜欢喜欢呦
出生在这里真是太好了
如果地球无边无际扩展就好了
无边无际
地球是我出生的地方我的故乡
非常美好
好喜欢这样的地球
地球朝向广阔的宇宙之海

生命非常珍贵
生命只有一个

只要有生命

旅行真快乐

大家一起玩呦

大家成为朋友喔

世界真快乐啊

非常快乐啊

绿色好多呀

啦啦啦啦啦啦啦啦

那是她刚学会"地球""宇宙"等词汇的时期。

话说有一次跟果游散步,忘了是春天还是秋天,总之是让人想仰望天空的日子,走在我前面的果游,头也没转,突然抛来一句:"妈妈!果游不是妈妈的孩子,对吧?"

"啊?"我没反应过来,一时哑口无言。

停了一下,她继续说:"虽然是从妈妈的身体出生,可是不是妈妈的孩子,是宇宙的孩子!"

这句话仿佛是七八岁的孩子发出的"独立宣言"。

"宇宙之子"的想象力虽然让人惊喜,却也有点超越母亲的意味，妈妈听起来有点寂寞呢！至今仍记得，当时为了掩饰窘态而支支吾吾、含糊答复。

是的，虽是从我的身体而出，但我几乎没有"这是我的"的感受。我在分娩时觉得，孩子们像是从远方穿越我的身体而来，或许果游早已莫名领会到我的感受。

果游总让我惊叹，亲子之间竟能这样深刻交流。

反省自己育儿的傲慢

六岁的树生马，是个爱笑闹的孩子。也许因为一出生就跟姊姊形影不离，他有种腼腆的温柔，也许为了掩饰腼腆，才故意表现得嬉戏笑闹。

对于果游的提议，他总二话不说地遵从。姊妹们有个时期沉迷于穿长裙跳舞，这时他就成为"舞台幕后人员"，得把剪碎的报纸装进空纸巾盒，往楼下的房间散撒。扮演公主的姊妹们正翩翩起舞，他看准时机让"雪花飘飘"，撒完了再跑下楼捡，捡好了再跑上楼撒，捡捡撒撒，只为确保姊妹们都称心如意。

总为姊妹们着想的他，独处的时刻也比其他孩子多。那通常是他想要玩，但其他女生没兴趣，只好单枪匹马。

想玩接球，偏偏爸爸和姊姊都不太想玩，没办法，只好试着投掷木板，自己跟自己玩。想要制作弓箭，看书依样画葫芦，用木棒试做却不尽理想，邀爸爸一起做，但爸爸总是很忙。一个人埋头苦干，终于完成，但却是枝不如人意的箭，不禁落寞无奈。

无数次的落寞无奈，对六岁的树生马来说，无疑是种试炼。尽管如此，他依然背起不管用的弓，把飞不起来的箭装进用纸箱做的箭筒，昂首阔步上山。他的背影述说了内心"不管是否有用都必定要做"的强烈欲求，让先生和我反省到我们没好好陪伴他，不禁有愧。

他是众女儿中唯一的男孩，我对他有时相当严厉。对他当时率真的自我表现，我总以女儿们的标准一概而论，也曾轻率地把他的自我主张当作无理取闹来严厉叱喝，甚至采取过把他逐出家门的管教方式。

我有些固执，树生马多少也遗传了这样的性格，有时我们的关系会陷入僵局，之后想让步却找不到台阶下，只能让时间去解决，沉淀一晚，勉强充当和好。

那段时期的某一天，我的目光停在客厅墙壁上的一行字：

知亚季这笨蛋白痴傻瓜蠢材
（ちあきのバカアホどじまねけ）

我一看那丑丑的字，肯定是树生马！什么时候写的？看看这孩子又干了什么好事！

他在最显眼的地方，像精雕细刻般，一丝不苟用原子笔写下。猜想是坐在摆在一角的沙发上写的吧？大概是某个又被我责骂的日子，觉得自己受到不可理喻的对待，陷坐沙发闷闷不乐，最终按捺不住满腹委屈而留下的杰作吧！

在这种情况下，把刚刚记住、刚学会写的平假名和片假名派上用场，真是服了他。

我想马上把他叫来，命令他马上给我擦干净，但转瞬又打消念头。他能这样发泄情绪，我莫名高兴。"嗯，就这样吧"。我决定让它就留在墙上。虽然让访客看到时，不免有点"家丑外扬"，但对我而言，这行字促使我反省自己育儿的傲慢，至今仍像座右铭般、强而有力地留在那里。

圆圆栗子头、圆圆栗子眼，这是可爱的六岁树生马送给妈妈的礼物。

与花草分享心事爱语

明朱花是个气场强大的孩子，独立自主，完全不像四岁。她跟着兄姊有样学样，觉得能做的事自己做是理所当然的，不依赖别人也是理所当然的。我不记得曾为她操过什么心。

用餐时间，不管周遭如何上演闹剧、杯盘交错，她依然专心致志、有始有终把饭吃完。

有一次散步的途中，前方有条小河，我见有点落差，而她脚步不稳，于是从身后将她抱起，帮她渡河。明明我是出于疼惜之心，为了她好，岂料她一脸不爽，甚至可说是恼火了。她居然挣脱我的手，转身返回原来的地方，自己再渡一次。我愣住了。

明明有人帮她轻松渡河，却不合她意。她以自己的双脚重新渡河，一脸满足，一语不发地大步前行，留下既错愕又佩服的妈妈。

她坚定明确的态度，让本来就对子女比较宽心的我深感欣喜，于是更加随她自由发展，结果她也真的越来越茁壮成长。

不过，老成持重的明朱花也有天真烂漫的一面。她出门散步回来，手里必定握着一束可爱的花朵。

散步时的我绝非心不在焉，也是一边享受自然，望山、观树、赏花、看草，听流水潺潺，闻鸟啼啾啾，然而，跟明朱花显然有云泥之差。究竟是注意力的不同，抑或是观察力的不同？总之，她慧眼独具，总能发现一些什么，握在手里带回家来。有时是春天的花朵，有时是夏天的杂草，有时是秋天的枯叶或果实，有时是冬天荒野中挺立的枯枝……每样都是能精准代表当下季节与环境的东西，明明只是随意采摘，却都光彩耀眼、美不胜收。

有一次，我凝视她手中花束，再比较自己摘的花束，"为什么差异这么大？"漫不经心自忖，忽然浮现答案——原来如此！明朱花跟这些小小植物们是朋友啊！

我恍然大悟，明朱花与植物们分享自己内心无法转换成言语的爱，她将爱的信息化为"花束"这个有形之物，这是比其他人不懂得撒娇讨爱的她，微小的求爱表现。

也许，在想哭但哭不出来的时刻，不甘心但无计可施的时刻，努力了却无法达成的时刻，这些时刻的心情，因托付给植物们而能得到纾解吧！

我以为明朱花性格好胜、努力、固执，但也许柔软的一面才是她的本性。我很庆幸能在她四岁时，留意到她的这一面。

大人无法理解的感受

老四朋果在大家的扶助下成长，性格善感、脆弱，散发着一种若不小心呵护就会破碎的气质，理所当然地常得到周遭的援助。兄姊们抱着她坐秋千，外出时被牵着手走，无论为了什么而哭，大家都会飞奔上前、关怀备至。

最能体现她被无微不至照顾的模样，是大家热闹哄哄围在餐桌的时候。我们家用餐时通常以大盘盛菜，爱吃多少随意自取。上面的三个孩子到了能自己用筷子或汤匙的年龄，都理所当然地自取，只有朋果从一开始就不一样。

她手指一指"那个……"就算是摆在眼前、伸手可及的食物，也是"那个，给我……"坐在一旁的无论大人或小孩都马上应是，把食物送到朋果面前。

这样的互动总是毫不勉强地顺畅进行，大家似乎都觉得只要她可爱回声："谢谢！"呵护她就有了意义。连有点给人添麻烦的时候，大家也顶多说句："真是的，朋果这公主……"依然照做。

倘若朋果得寸进尺而被宠坏,那就相当不妙,然而我们的互动是那么自然。无论痛苦或悲伤,朋果的感受总是表现得比我感受到的多三倍以上,但却不会让人觉得夸张,反而会想说,其中一定有某些我们无法理解的。

无论是生理上或情感上,她常感受到我所无法感受到的,也会被某些我根本浑然不知不觉的事物所影响。所以坦白说,她想表达的、在我听起来像"一"的,实际上是"一"还是"十",我既无法判断,也害怕自以为是地以自己所理解的模式去判断。这不仅仅是直觉,而是出现过多次可能造成生命危险的实例。

至今,每次迎接朋果的生日,我都由衷想说:"啊,好不容易又活了一年,谢谢!"对我们全家人来说,朋果是蕴含着多层意义的存在,从"不好好守护,可能会破碎""无法不帮她",到"她拥有与我们不同的某些什么",到"或许她教会了我们某些重要的、巨大的什么"。

内在似乎有个老灵魂

幺儿卓道从小就沉稳乖巧。也许因为我决定不用尿布,他一需要大小便,我就已察觉并处理,所以他也无需哭闹。一两岁时，我发现他有时玩到一半会停下来凝望远方，时间仿佛暂时静止，让我觉得他内在似乎有个老灵魂。

如今回忆卓道襁褓时期，除了没错过他发出的排泄信号外，忙于家事的我几乎没费心照顾他。年幼的弟妹哭泣或有需求时，兄姊们总是主动冲去关心，在兄姊守护、引导下，感觉他很快就长大到能够满山奔跑玩耍。

他读小学时，同年级只有三名学生（这所小分校在他们毕业后两年废校），三人总是形影不离。低年级的时候，两个同学都在玩一种手枪玩具，用小子弹射击树木、石头，或互相战斗。可想而知，儿子也想要，但他却没对我说。有一天，我在他房里发现一把玩具手枪，问他哪来的？他说："朋友买了新型的，所以把旧的给我。"

该怎么处理才能兼顾儿子的心情，也不辜负朋友的好意呢？我不想责备他，却也实在不希望他玩手枪游戏，于是，直接向他坦白自己的为难。也许这是妈妈的固执，但手枪是以杀生为目的的工具，即使只是玩具，也不希望孩子拥有。

儿子默默无语，低头聆听着，内心大概有千头万绪吧？没得到母亲支持的悲伤、想跟朋友同样一起玩耍的欲求、不知如何是好的无奈……当时我想，此情此景下，体验挣扎纠结也是必要的，所以就暂时沉默半晌，然后再拜托他把玩具还给朋友。

隔天，他照做了。他如何向朋友说明？那之后三人有没有再一起玩手枪游戏？期间各自做出什么妥协？我没再过问，一概不知。

这样处理对吗？我没有答案。无论如何，育儿过程中的大小事，我只能竭尽当时的智慧去应对。

在我印象中，卓道成年之后也从未曾表露愤怒的情绪。不知道是没这样的情绪，还是擅长自我管理？不过我相信他本来就是一个温柔善良的人。

第8章

与孩子共度四季晨昏

我们选择住在深山,也是为了育儿。

在大自然中尽情玩耍,用整个身体、所有感受,去接受大自然给予的礼物——一种惊叹、好奇和感动。

孩子的内心世界就像玩具百宝箱,或是谜样的爱丽丝奇异世界?

不,也许是仿佛浩瀚宇宙般,一直无限延伸开展。

我仅仅在一旁望着孩子们的游戏,便深深觉得幸福。

孩子们的玩耍，种类相当丰富。

山里冬天寒冷，除了下雪时玩雪之外，大多时间虽在室内，但孩子们才不会呆坐不动。整栋房子被孩子们主宰，成为基地、乐园，玩得天翻地覆。

在阳光照射的房内随兴圈地，即成厨房。"妈！帮我拿一下便当盒跟包巾！"用积木和纸张，下厨烹饪。一边说着"这是茶，这是蜜柑，这是点心"，一边把满满的积木便当塞进背包喊道："我出门啦！"据说是去野餐，然后在屋子里转来转去，"啊，就在这里休息吧。"把便当取出来，才听见"吧唧吧唧，好吃好吃"，转眼已经吃完了。忽然又听见"好，来看书吧""对了，来搭电车吧""来做机器人吧"……七嘴八舌，意见纷纷，转眼又齐心协力一起用积木创作着什么。就这样，一玩就是几个小时。

我问："野餐呢？"

"这也是野餐呦！"

我建议："要不要先放下这么重的背包？"

"这样就好！不重啦！"

我叨念："要不要先收拾好这边，再玩下一个游戏？"

"自由玩才开心，待会儿再一起收拾！"

在孩子们的世界里，我的话完全是秋风过耳。那是一个野餐、家家酒、洋娃娃、阅读、怪兽游戏、唱歌，全部同时进行的"平行宇宙"。

也许孩子们的内心世界就像玩具百宝箱，或是谜样的爱丽丝奇异世界？不，也许是仿佛浩瀚宇宙般，一直无限延伸开展。我仅仅在一旁望着孩子们的游戏，便深深觉得幸福。

尽情扮家家酒

我也很享受跟他们一起玩耍、活动身子，在室外日光浴、躺在土地上、爬到树上聊天、在河边嬉水……

温暖舒服的午后，散步途中稍微歇息一下。听见孩子们在身边玩沙、摘草的声音，我很快就睡着了。忽然又听见孩子们的笑声从远方传来，一下醒过来，安心地躺着，旋即又睡着了。那既是短短的片刻，又是悠悠的时光。感觉自己仿佛不是自己似的，空气般轻轻、暖暖地漂浮在宇宙里。

那时孩子们在身旁，边玩边等我醒来，不叫醒我，也不打扰我。"啊，我被孩子们守护着呢！"醒来看到蓝天，有点不好意思，满怀感恩却无法率直对幼小的孩子道谢的不好意思。

孩子们都喜欢玩扮家家酒和帮忙做家事，在模仿大人如何生活中，学习"生活"。我希望孩子们尽情地玩家家酒，将这份玩乐的心转移到长大后的现实生活中。最初，先让孩子帮忙餐前准备和餐后收拾。不以命令语气，而是以玩游戏的欢乐气氛，孩子们肯定都非常兴奋，雀跃地参与。

先让跟跄学步的孩子，一盘一盘把餐具从厨房端到餐桌。大人适时以"小心喔，慢慢来，掉下来会破喔，别让它掉下来"等鼓励的话语在旁打气。完成任务时，小孩大人都大力鼓掌。孩子得意的笑脸上展现出一种完成艰难任务、被信赖的喜悦与自信。

像这样，依据各自能力，拜托孩子帮忙家事。最初是一个盘，慢慢增加数量。孩子按照自己的能力循序渐进，从小心翼翼不打翻盛着食物的盘，到后来还能观察当日用餐人数准备餐具。得到大人赞许和肯定后，孩子就能靠自力向上。这股想要成长的动力，十分珍贵美好，促成这种动力自然发展的，正是每天琐细日常的积累，像爬楼梯般、一阶一阶累积教育的厚度与高度。

顺便一提，现在分别为六岁、四岁、三岁的孙子，用餐完毕说了："阿嬷（为他们料理该餐的人），好好吃，谢谢款待！"之后都会各自把餐具端到厨房。在我们家，"用餐"这个行为，包含了餐前准备到餐后收拾的整个过程，无论是餐前准备还是餐后收拾都是大家一起来。除了"培养习惯""学习规矩"等考量，更重要的是，我希望家人能自然地用身体去感受——所谓"家庭生活"，是全家人一起完成的共同作业，带着互相感谢的心情一起过日子。

支持孩子下厨玩烹饪

习惯帮忙各种家事的孩子，接下来很自然会说："我也想下厨！"用泥土和花朵做的家家酒便当已无法满足他们，处理真实料理的渴望开始蠢蠢欲动。

▲用餐前后,孙子们全都自发地加入准备、收拾工作。

第8章 与孩子共度四季晨昏

▲用餐前后，孙子们全都自发加入准备、收拾工作。

此时，注意不要浇熄孩子的兴致，那是孩子顺随"想要成长"的自然欲求，而理所当然会有的表现。

然而，如此珍贵的成长时机却常被错过、被浪费了。因为"孩子帮忙反而更费时""厨房被弄得乱七八糟""刀很危险""我太忙没空"……等等大人的理由，孩子的心意草率地被忽视了。

确实，让孩子下厨很可能把水和面粉洒得到处都是，用刀不当真的很危险，大人只想赶快煮完吃完收完。相信不少父母都对孩子这样说过："别来闹，自己去玩，去看电视。"就这样把孩子赶出厨房。

那个当下充满着能够转化成人生至宝的成长要素，却被如此不经意地舍弃，实在太糟蹋了啊！

其实不需要每天，只要大人愿意付出一点努力，抽出十分钟的时间，就可能让孩子有极大的成长。孩子到了想下厨的时机，父母也可主动邀约："一起煮吧！"孩子肯定兴高采烈穿上围裙站在厨房。

最初能帮忙的事并不多，大概是手撕色拉菜等简单小事，孩子却是百分之百地开心。无论什么都可以，只要配合孩子的年龄、实际能力状况，持续下去。

在我们家，有的孩子约两三岁就开始学会用刀。孩子有手巧与手拙的差别，绝不勉强。使用有危险性的工具前应详细说明，如一只手如何握刀，另一只手如何配合等等。虽然任何事物都是如此，但使用工具时更要事先详细说明。到了五六岁，渐渐能把小黄瓜、红萝卜切得美观匀称。让孩子用玩乐的心情去做小茶点，学习最容易上手。

在享用孩子参与完成的料理时，全家人都边赞边吃。"让家人高兴"的喜悦与自信，在孩子的笑脸上闪耀。孩子会因而渐渐对烹饪更有兴趣，厨艺也更精进。充满欢笑的日常餐桌，会让亲子之间的信赖关系更深、家人之间的幸福更浓，对提高孩子的自我肯定感也大有帮助。

人只要活着，就必须有食物相伴。烹饪跟呼吸、工作、睡觉一样，是人生不可或缺的。希望大家能意识到，烹饪是一门能善巧延续生命的重要技能。

接受大自然的礼物

我们选择住在深山，也是为了育儿。

在大自然中尽情玩耍，用整个身体、所有感受，去接受大自然给予的礼物——一种惊叹、好奇和感动（sense of wonder）。

孩子从早到晚，跟大自然亲密玩耍。在林间捡拾果实、发现昆虫、揉捏泥巴、排列石子，在河里游泳，大自然充满着取之不尽、玩之不腻的材料。

在无拘无束无边无尽的玩乐之中，孩子从万木发芽的鲜嫩色泽体会季节更迭，从百花和彩蝶的嬉戏认识美丽与无常，从河川溪流明白水的作用与危险，从太阳和风雪学会酷热与寒冷，用五感去感受一切，从而培育六感与七感。作为父母，只是在旁看着，也觉得满心欢喜。

除此之外，得到"在大自然中建立生活"的实际感受，也是莫大的恩赐。

每天为了篝火和烧泡澡水的捡柴生活、在河川清洗用来腌渍的蔬果、采收当季时鲜、善用能入药的草木……能在日常中处处与大自然为伍，这在现代是非常难得的。这样的环境守护并开发了原始生命力，也培育了野外求生的基本技能，未来在遭遇自然灾害时，也必能激发存活下去的应变智慧。

大自然并非尽是温柔，也有险峻的一面。

桥本家的小孩常独自在林野间玩耍,大人不会为此紧张过虑。

寒冬结冰的道路容易滑倒，台风时树木容易倾倒……这些攸关生死的事情，都必须亲身以自己的能力去应对，就算实际操作的是大人，让孩子就近体会也是很好的教育。不会过于便利，或说多少有点不便的生活环境，更需要运用智慧与巧思，作为"教育的环境"反倒正好。

说到大自然的险峻，有件事至今想起仍让我直冒冷汗，深刻反省。

那是一个绵绵阴雨后的晴天，孩子们跟着年轻客人外出玩耍。当时年纪较大的孩子只是小学生，年纪小的还是幼儿。虽然他们常常这样外出玩耍，但那天他们早上出门，直到夕阳西下都还没回家，令我十分担心。等孩子们回来，一问之下，原来他们沿着森林的溪流展开探险，在河床岩石间飞跳，不知不觉顺流而下，到了一处河幅变宽、形成类似瀑布的地方，他们爬着独木桥渡河。雨后，巨大岩石间形成激流，岩石又圆又滑，万一跳跃时没踩稳，万一渡桥时没爬好，肯定会被激流冲走。若只是小孩子自己应该不会玩到那里去，把孩子托付给不懂得斟酌危险性的人，是我判断错误，我捏把冷汗之余，深深反省自责，所幸当天所有人都平安归来，实在感谢神明。

那之后，我才开始比较留意孩子们的活动范围。活动范围变大，是成长的证据，跟大自然做好朋友，是令人欣慰的事，不过，也必须注意危险如影随形。

女儿的"秘密花园"

有时候，孩子们会带回一些意外惊喜。

春风宜人的时节，当时还是小学生的女儿采了一大袋稀有的山菜回来，也曾在夏天两手抱满特别的野花回来，多到我难以置信，惊叹道："哇！好厉害！在哪里摘的？"她得意又调皮地笑答："很厉害吧！到底是哪里呢？秘密！"

嗯，秘密吗？知道她想让我惊喜、让我开心，可是，万一是危险的地方怎么办？我内心忐忑，不知该如何表达才好。

有个不让爸妈知道的"秘密花园""野草园"是件美好的事，这是跟大自然变得亲密才可能拥有的，当然不该苛责，于是我说："连妈妈也不能告诉的好地方吗？秘密花园真是好棒啊！好想知道在哪里啊！哪天告诉妈妈喔！"为了不让愉快的气氛变僵，只在最后稍稍加上一句:"不过,没人的深山里,可能有沼泽,也可能有毒蛇,记得要小心喔!"就这样点到为止,接下来就决心信任孩子的判断能力。

女儿一脸满足地笑道:"知道啦!不会去很深的山里的,请放心!"

一年后,同一个季节到来,女儿主动告诉我秘密花园的所在,还带我去了。

那里原本种满百年老树,因人类的利益而被砍伐殆尽了,剩下一片宽广的空地,吸引了孩子们来玩耍。砍伐后的土地,在阳光普照下又长出新芽、迈向重生。

在下一批大树长成之前的短短几年内,野草和山菜特别茂密,女儿独自与此漫漫自然循环历程中的一刻相遇,因而有缘接受如此珍贵的自然恩赐。

站在女儿的"秘密花园"里,当时心中无法言喻的感动泉涌,让我泫然欲泣。

照顾动物体验生命珍贵与无常

我们也饲养了很多动物。狗、猫、鸟、兔、马,孩子们把它们都当朋友悉心照料。猫狗像是有个性的家人,为它们准备食物、清理小屋,是孩子们每早的例行工作。带狗散步、采摘野花野菜都像是日常游戏的延伸,但照顾动物的生命,是伴随着责任的工作,且能体验到生命是多么脆弱易逝的存在。

某天早上,孩子们去兔子小屋喂食时,惊见兔子尸体四散。那间小屋在我们的森林中,牢牢地用网覆盖着,像座小公园,孩子们常在里面观察、玩耍。前晚,兔子可能惨遭野狗或狐狸袭击。对孩子们来说,这是十分难以承受的景象。庆幸的是,可爱的小兔宝宝因躲在窟穴深处才逃过一劫。

动物世界弱肉强食的悲剧从天而降,兔爸爸兔妈妈为保护小兔而牺牲生命,目睹这戏剧性的生死现场,想必孩子瞬间学到刻骨铭心的一课。

与此相反,小孩有时也会做出残忍的事。

记得儿子四五岁时,很喜欢跟昆虫玩耍。他把蜻蜓、蝴蝶、青蛙、甲虫当成玩偶、玩伴,曾收集好多只青蛙,让它们竞赛跑跳,也曾在蜻蜓的尾巴绑线、拔掉蝴蝶的翅膀。我一度为此烦恼,犹豫着该不该阻止。他只是纯粹对昆虫有兴趣,还是心理有什么欲求不满?是不是应该教育他尊重生命的珍贵?……最后我的结论是,先让他自由做自己想做的，想必他在其中感觉到某些他想要摸索学习的东西。

我反对杀生，但在这件事上，我选择尊重孩子的探索。所幸儿子只是出于一时好奇兴趣，好笑的是，他长大成人后，竟变成什么虫都不大敢碰的都市人。

孩子们跟大自然的关系各有不同，也因时而异；而大人有时也能从孩子的视角与身姿，再次学到"sense of wonder"，这真是十分喜悦美妙！

不排斥但有所节制

大自然和动物对培育我们珍贵的感知来说，是非常重要的存在。只是存在着，若无其事又毫无保留地给予。跟文明进步、人类绞尽脑汁利用科学技术制造出来的东西，那是不同次元的存在。这样的力量，我称之为"super nature" "sense of wonder"。

我们的存在，全凭靠这浩瀚宇宙、宽广大地的生养，我们当用心倾听、学习大自然，培育那份敬畏、感知、感动、感谢。这与人类心灵的成长息息相关，也是应该被社会整体重视的价值观。

孩子们还在学龄时期,手机、游戏机、互联网开始风行全球,但我们家始终没添置相关设备,孩子们也从未要求。

或许是因为住家远离城市,与大众的步调自然有差异?我们并不排斥,只是有所节制,顺其自然。

我们教孩子明白,如果无法融入朋友圈的流行话题,这其实无关人格价值,反而要警觉,因话题不同而排挤他人的社会是有问题的;同时,我们也希望孩子认清,盲目迎合社会话题并无意义。

我认为,因为与世俗价值观的差异,而让孩子成长过程有点纠结烦恼,其实不是坏事,或可借此机会培养孩子们客观看待自己与他人。这是我们一贯的教育方针。

第9章

修养从家庭开始

家庭是人生最初阶段遇到的共同体、小社会，在家学到的能力，肯定会在下个阶段的社会好好派上用场。从孩子跟社会有交集开始，父母大多会给孩子规范，这样其实效果不彰，因为必须大人先以身作则。但世上无完美之人，没必要以『完美父母』来自我要求，重要的是，尽最大可能，全心全意跟孩子一起寻找方法。

除了借助自然界伟大的培育力之外，教育孩子生而为人的规则和心态也非常重要。人有"心"，是社会性生物，得经营共同的生活，所以必须教育孩子作为社会一分子的自觉。

然而，如今很多家庭教育连这个基本都不重视。

乍看之下，似乎是很"民主"地尊重小孩的自主性，任由孩子随心所欲，实际上，那惯养出的不是有责任感的自主性，而是以自我为中心的利己主义。

举例来说，小孩在公共场所和电车上吵闹，家长却不制止，也不顾虑是否打扰到别人。家长应该有所行动，却不行动，也没能力行动。类似的情景很普遍。我认为"家长本身也没受过公共性价值观的教育"之现象，是极大的社会问题。

社会生活的规矩、生而为人应有的态度与处事方式，这些都是得从小教育的；更确切地说，是不得不从小教育。不打扰别人、遵守社会规则等等，是基本中的基本。

不制止也不劝导孩子打扰他人的行为，这样的家长越来越多，甚至观念倾向认为"孩子想做就让他做"才是好父母。这真是大错特错！

我想，大约是从我们的世代，欧美民主主义和自由思想开始渗透进来，这些基本中的基本于是渐被轻忽。这其实是对所谓"自由"的误解。在责任和自律的前提下才能谈自由，没有责任和自律的"自由"，不过是放纵"恣意妄为的权利"。

每天，孩子们一边玩耍一边让爸妈困扰，挑战大人的极限，无论是故意恶作剧还是反抗，"这个可以做吗？这是对的吗？"的探问，是一种"希望大人教导"的信号。恰恰是这样的时刻，家长应该把握时机给予教育。希望大家成为愿意认真思考、好好教育孩子的家长。关于这点，孩子是能从正面理解并接受教育的。

日本有句话"怎么教就怎么长"，小时候的家教是孩子一生打下正确心态的基础。

家是最初的社会

我们家的大小家事，无论男女长幼，大家都必须尽量参与。例如打扫工作，就依年龄能力分配，一起合作分担，拿得动扫把的孩子拿扫把，大一点的孩子拿畚箕收集垃圾，小小孩用抹布擦拭，高处则由大人负责。

一开始不要严格要求孩子好好打扫。很多家庭都会让孩子帮忙做家事，但常忘记，最重要的是，引导孩子感受劳动带来的成就与欢喜。为了营造这样的气氛，大人的感谢与赞美很重要，其目的不仅是教育孩子劳动，更是自然而然地培育孩子的自尊心和对劳动的喜悦，以及学习互相感谢和尊重家人。

渐渐地，孩子会自然地理解自己能做哪些事，想挑战更难的事，而且自己去发现必要做的事。

对幼小的孩子来说，家庭是人生最初阶段遇到的共同体、小社会，在家学到的能力，肯定会在下个阶段的社会派上用场。在最初阶段就学好，日后学龄期、青春期，乃至长大成人进入社会，都会比较顺利，不至于出现大问题。对家长来说，也才能"轻松当父母"，可以欢呼万岁。

孩子会在家人合作共同生活中，养成设身处地、体贴他人的心。

我们全家大小都殷切期待采收当季的蔬菜瓜果，尤其是第一批水果。在大家最爱的草莓和西瓜季节来临前，孩子们每天都到田里探视，草莓的色泽越浓，越令人垂涎。

某天早晨，其中一名孩子喜上眉梢地回家："草莓变红了呦！"她问我可不可采，我说OK，她就开心地采了回来。我一看，是非常小颗的草莓，心里暗叫："啊啊啊！怎么办？"女儿看我一眼，屈指数算全家人数："阿嬷、爸爸……总共八个。"然后呼叫："妈妈快拿刀过来！"

这么小的草莓要八个人分吗？我心想，不行吧？只见女儿已用巧手把草莓切成八等分。虽然每片都小到快不成形，她还是让全家人都吃到了。我对她的举动感到吃惊，更吃惊的是，分到一小片草莓的兄弟姊妹都没有失望埋怨，每个人都由衷欢喜。我顿时觉得被当头棒喝！孩子的心远比我想的更纯真直率，他们真的茁壮成长了。

过了三十几年，每次脑海里浮现孩子们一起分享草莓那天明亮的光，我都觉得无比幸福。

亲子关系基础在对话

我与孩子的对话，是从出生的瞬间开始。虽然怀孕中也有，但从出生的瞬间马上发出声音跟孩子说话，是我个人的育儿交流法。

早安，喝奶喽，换尿布喔，有点冷要忍耐呦，妈妈去厨房一下很快回来……抱起来的时候、哄睡的时候，也会先说明妈妈抱抱喔，要躺在床上了喔，一边说一边进行动作。

在他人眼里，这样看起来可能像在自言自语。婴儿当然还不懂得语言，也无法用语言回答，不过，我从不认为婴儿不理解。从自身经验，我确信他们能捕捉到我的想法。

婴儿可说是"超能力者"，不只是理解想法，他们也能从声音、语调感受到各种事物，这样的能力会持续发展。

孩子一出生时就能确实地接收到我的意思，并用眼神、表情、动作回答我。这样说彼此能"对话"当然可以成立。如果无法相信，只能说其实是大人没打开自己的感知。

孩子从学习各种交流工具的过程中，日积月累，培育感知，母亲本身也开展出对孩子的关心与注意力等所谓的母性。亲子关系是彼此培育信赖与连结的相互关系，这一点一滴都将影响日后的育儿，必须像储蓄珍宝般，点点滴滴累积。

这种方法不仅培育心性与情感，对促进语言表达能力也非常有效。在孩子吸收词汇、牙牙学语的时期，即可明显看出。大人说的话，孩子百分之百能理解（且还能判断状况），也能预测接下来的事。

比方说，孩子想用语言传达自己的心情或状况时，能敏捷地组织、明确地表达；懂得如何使用语言，吸收词汇也很快。总而言之，大人与小孩之间没有"不知道你在说什么"的情况，更能没有压力、轻松育儿。

"寻宝太棒了"家庭游戏

孩子渐渐长大，大概到了五六岁，在对话上，有一点要注意。那就是，即便遇到困扰或悲伤的事，也不以负面态度面对，而是试着去发掘其正面意义。我们家称之为"寻宝太棒了"，亦即在晚餐或入浴时间，一边回想当天发生的事，一边以玩寻宝游戏的心情聊天。

例如，跌倒了膝盖擦伤的时候，不是责骂孩子不注意，而是安慰孩子："玩得太投入时跌倒了，很痛吧？没关系，很快会好的。不过，你也因此知道那里有石头，以后经过时就会更注意,太棒了喔!"一起迷路时,跟孩子说:"走得好累吧,时间也耽误了,不过,正好走没走过的路,有很多新发现,有点开心呢!"这么"寻宝"一下,心情总会不可思议地轻松起来。

在日本,对人、佛祖神明、天气、偶发事件表示感谢时,有习惯说"托某某的福"的文化。日常发生的琐事都能当作素材,练习善用这句话来耕耘心灵,不让负面的感觉停留在孩子柔软的心里,而是置换成感谢的语言、光明的种子,像玩黑白棋那样。

当然我们也有无法达成的时候,虽然孩子们并没完全按照这样的引导,但这是一种亲子可一起练习的愉快的心之教育。

引导孩子自己解决问题

话虽如此,父母的难题随时都可能发生,小孩的世界也一样。在兄弟姊妹吵架时,该如何劝和?那非常不容易,我也常为此烦恼。

虽然父母大声一喝"别吵了!"就可能控制局面,因为比起吵架,小孩更畏惧大人,但这样只是暂时控制眼前状况，无助于长远的成长，有点可惜。父母的强制和命令偶尔有效，然而更理想的是，在情绪升起前，冷静下来思考——为了培育孩子的心，应该怎么做比较好？

大人首先可以做的是，聆听每个孩子的说法，边听边寻求解决方案。每次的解决方法都不同，当然依据年龄也会有所不同。这是"一期一会"的事，没有说明书可循。要尽量不伤害任何一方，好好教育孩子分辨善恶；也尽量让每一方都能接受，并考虑每个孩子的性格，面面俱到。之后还要好好面对孩子的反省、后悔、不甘心等情绪。该道歉时好好道歉，该原谅时好好学习原谅。育儿路上会遇到各种情绪复杂的教育场面，越是艰难，越是难得的机会。

首要秘诀是，在对话中跟孩子一起思考解决问题的出路。一边问："吵架开心吗？""你觉得要怎样才能融洽地玩？"等问题，一边合力寻求解决之道。用当事者的想法与语言来解决问题，是最理想的。虽然这样冷静地轻描淡写，但当时的自己和现在的自己是否能完全做到，其实我也不太确定。

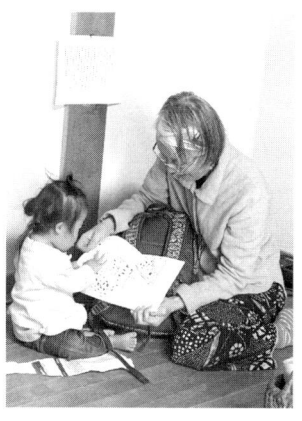

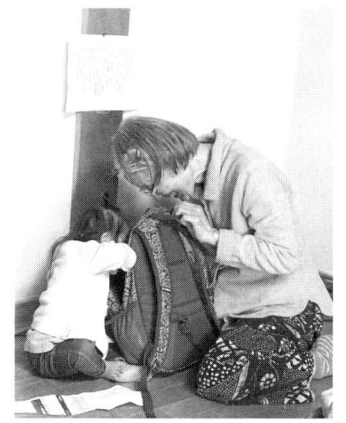

2023年5月，桥本先生演讲会现场角落。帮先生打点好演讲布置后，桥本太太默默退到一旁，帮来听讲的一位妈妈照顾孩子。那孩子活泼好奇，到处翻扒还满场跑，但桥本太太没叱喝也不制止，只是笑眯眯善巧地陪伴、引导，不但神奇收服了"小麻烦"，自己也好像玩得很开心。

第9章　修养从家庭开始

宽宏大量的赤子之心

亲子关系本是强者与弱者的关系。大人很轻易就成了掌权的一方，想要教导、引导孩子往正确的方向，这种想法却常沦为挥霍权力。就算小心注意，父母也是会犯错的人，有时也会对孩子做出让自己后悔的对待，如失去理性、感情用事地责骂孩子。我也曾经这样，事后为伤害了孩子而懊悔不已："明明是那么小的事，为什么生这么大的气？"也曾在心中呐喊："我没资格当妈妈！我不想当了！"

不想当就能不当吗？当然不可能，只能深切反省，并请求孩子的原谅。然而，跟自己的孩子道歉并不容易，总感觉有点失去家长的威严，无法坦诚，因此更陷入自我厌恶。直到夜深人静，看着孩子天真的睡脸，终于在心里边哭边说："妈妈好过分，对不起！"之后慢慢才说得出口："对不起，说了过分的话……"当孩子爽快地回说"嗯，没关系"，又是叫人热泪盈眶的片刻。如果立场对换，我应该会回一两句不满或抱怨一下吧？但幼小的孩子却如此宽宏潇洒地原谅了大人。

这事给我意外的感动，还有更多"醍醐灌顶"的感受。小孩的心是如此纯净开阔，妈妈仿佛当头棒喝了一下，心瞬间被洗净了。这也让我恍然大悟——大人对孩子最重要的责任不是所谓"教育"，而是必须守护住赤子之心，让孩子好好展现本有的自在纯真。

从孩子跟社会有交集开始，父母大多会给孩子规范，教育孩子要常说"谢谢""对不起"。这样的教育方式其实效果不彰，因为不应只是教育，必须大人先以身作则，能坦率地说出"谢谢""对不起"。

养育孩子的过程中，我们大人其实也有很多地方跟着成长，真是值得感恩。

育儿生活可说每天都有新的困难挑战。孩子时时刻刻都在变化成长，时时刻刻用一颗新的心去感受、回应一切，跟孩子相比，成为大人的我们，无论是惊奇、感动、兴奋、迷惘、困惑，甚至连感受愤怒和悲伤的心，都被磨钝了，这正是"成为大人"的证据，实在令人无奈。

然而，这样的我们却不得不去教育、引导孩子纯净无垢的心，理所当然会迷惑，过程不顺遂也是当然的。

所以我认为，亲子教育不是单向的关系，而是教学相长的相互关系。毕竟，世上没有完美之人，所以也没必要以"完美父母"来自我要求，那既做不到，也没必要。最重要的是，尽自己最大可能，全心全意面对育儿，跟孩子一起烦恼、一起哭泣、一起寻找解决方法，这样陪伴孩子前行的身姿，必定能让孩子真切感受到父母的爱。

我常对当父母的晚辈们说："比起以完美为目标，父母更应学习如何原谅已经努力却仍不完美的自己，改以理想的百分之五十或七十为目标。亲子关系里，宽容与爱，是同义词。一边守护孩子纯净、无限的爱心，一边培育自己心中的大爱。"

"母亲"是无价天职

现今社会以经济优先，整个社会被"工作赚钱才有价值"的价值观所支配。很遗憾的是，不能产出金钱的育儿工作，便难以被评价为"有价值"。这不仅是社会趋势，连父母自己也认同这种价值观，一味追求经济层面的提升，不惜轻忽为人父母的责任，对当父母，尤其当专职主妇的评价都不高。

但其实,"育儿"明明是人类社会里最值得被评为"高价值"的事。

我曾对此焦急,甚至愤愤不平。我接受演讲或写作邀请时,常被问到工作头衔、简介,每次我一开头就摆明了是个"主妇""母亲"时,几乎都会被驳回。主妇或母亲的职责内容,完全不是社会认可的"工作"。虽然我不是没从事有金钱收入的工作,但在我人生中更重视的是"主妇""母亲"这样的身份,而且我明明是站在"主妇""母亲"的角度发言,却无法被认同。无可奈何之下,只好在简介里写下一般职业中的名衔。我为此愤慨,遗憾这样的社会真是搞错了,直到现在,我仍抱持这样的想法。

不过,就算这么说,我也知道时下社会一般人的意识就是如此,愤慨是白费心神。转念一想,何需在意别人的评价呢?自己对自己每天的努力怀着自尊与自豪,好好肯定自己的价值比较实际。

后来,我更领悟到,良好的育儿工作非常需要这般自信的力量。由衷涌现的自信,会激发出鼓舞自己不断前行的强大力量。

育儿是非常艰难、费时的工作,有时也十分孤独,不过，看到孩子们每天开开心心健康成长，就得到最大的收获、最好的回报。

为避免误会，在此稍微说明，我强调父母责任重大，并非主张为人母后就得闭门不出，必须全职成天在家育儿。家家各有不同的情况要调适，只要育儿生活能顺利运行都好。无论是请家人亲友帮忙也好，职业与育儿兼顾也好，这在现代都是可行的。

我只是希望大家能理解育儿的深意，以坚定的信念育儿；而且，现在的我，想更彻底地说，当了父母的人就当好好"以'家长'的立场"生活。

育儿，等于创造未来，与所有职业一样在参与社会活动，也是最大的社会贡献。对人类而言，育儿是不能消失的工作。未来是由活在此时此地的人创造的，今日培育出什么样的人，是未来的关键。为了创造更好的未来社会，今日好好育儿就是最稳当的捷径。

与孩子共度的日子，有欢喜、有疲惫，全年无休。因此，如果不能好好保持平衡，会非常危险。对眼前的孩子投入最大关注的同时、为日常琐事付出最多努力的同时，心的视线要能投向遥远的未来。用心生活的微观视角与展望未来的宏观视野，同等重要，若有更多这样的父母家长，相信一定能培育更多引导社会向上向善的人。

虽然前面说过，先靠自力提高对自己的评价，但还是希望更多人能理解育儿的重要性，也期盼社会能更温柔地守护育儿中的父母，因为未来在今日父母手中。

后记

回首前半生，我屡仆屡起、反复亲身实验：纯素"正食"如何能改变人？

以此为胎教，能孕育出怎样的孩子？

我全心全意想培育身心都自然的"真正的人"，那并非什么伟大目标，只不过是拥有普通的健康，能正面思考且为人设想，爱人也被爱而已。

育儿从某个角度来说像是在"创造人"，不容许大失败，父母因而不时寻思，自己是否称职尽责？这让亲子时光总难免隐约带着些许紧张。

不完美的我，一路走来当然失败和懊悔都多不胜数，只能适度地原谅自己，也得到家人的原谅，特别是孩子如天神般宽宏大量的"百分百原谅"。

我的育儿之路是一直被全家人如此支撑着的。

最近我常想，所谓"生存"究竟是什么？

从地球的诞生到生物的诞生，其间变化、进化连绵，在几亿年生命接力的长流中，人类的存在不过是当下极短的刹那，然而这个当下刹那，经历过生命长流无数的试炼、实验与淘汰，最终留下精华传承至今的智慧，即是"当下"的我们的生命。

仅仅是这个事实就让我激动不已，深深为自己身为长流涓滴——也为自己的生命而喜悦；同时也深信，人活着应该尽可能不做违抗这不可思议的伟大之流的事情。

但愿不断通过新考验而淬炼的智慧精华可以代代传承，尽管我们只是渺小的存在，也能因而有所贡献；但愿这生命长流超越我们，继续丰沛地奔向未来。

正当此时，我居住的京都乡间各处田地，稻米顺利丰收。由衷感恩支撑我们生命的农人，和支持这一切的人自然。

承蒙海外诸君的邀请与协助，我这一介日本主妇才能将自身小小经验化为文字，分享给海外朋友，对此因缘，我也要致上深深的敬意与谢意。

附录

来去桥本太太家

◎ 正好编辑室

读完桥本太太书稿时,心中升起的第一个感受是敬佩。

敬佩一个女子终生坚持纯天然主义,五度在家分娩,又能凭借土地、半自给自足,在深山里养育子女、辅助丈夫,领着全家欣欣向荣。

而后又读了桥本先生的故事书(《让生命回复原始设定——桥本先生半断食养生术》,正好文化、2023年10月与本书同步出版),才知道桥本太太娘家完全不接受她十九岁那年在居酒屋打工认识的"奇异浪子",但她仍选择"背对全世界",毅然与桥本先生赤手空拳走向荒野梦幻家园。这让人对这女子的勇气与信心更油然生奇。

不过，桥本家五名子女都成长于网络时代，这样特立独行的生活方式难道不曾遭遇叛逆？特别是小女儿从小体弱，她的信念可曾因而动摇？俗话说"贫贱夫妻百事哀"，她如何面对柴米油盐酱醋茶的现实挑战？这一路以来，真能无畏、无怨、无悔吗？

我们专程赴日拜访福岛深山里的桥本家，也在他们震灾后迁居的京都新宅一起生活了两天，并采访他们的下一代，想了解子女眼中的妈妈是什么样子，也许从中还能略窥一二特别的"妈妈之道"。

哪想到，对于桥本太太是如何教育子女，几个孩子想半天竟都答不上来。

原因是，他们印象中的妈妈极少说教，总是一天到晚忙于家务，还要照顾许多寄宿的访客，从不只是他们的妈妈，而是许多人的"妈妈"。

"不过，就这样看着妈妈认真工作的身影，和不管遇到多麻烦的事、多伤脑筋的人，都有办法微笑地耐心处理，我也在无形中学到乐观自信的态度吧？"长子树生马这样说。

幺女朋果也说，忙碌的妈妈不可能常陪伴孩子，但她从小就深刻感受到妈妈把子女摆在第一位，绝对用心对待，而且无论成长过程中遇到什么困难，妈妈始终如天大的靠山、万能的后盾一般，让她安心满满。

虽然桥本太太不是紧盯严管的那种妈妈，也没空跟前跟后，但子女们对她似乎都敬畏三分。据说是因为在宽松放任之余，她言出必行，对原则从不马虎。

除此之外，么儿卓道和朋果不约而同提到，母亲对树生马严厉的模样让他们记忆深刻。

跟桥本太太聊起此事时，桥本先生在旁闻言立刻自白，树生马小时候曾被他以抛进池塘这样暴烈的方式管教，为此他愧悔至今。桥本太太也坦言起初顺着先生对"长男"特别的期许，确实曾对树生马求好心切，所幸后来一觉察到孩子的压力，便立即自我调整。

"作为父母的我们并不是完人，过程中必然犯过许多错，我们会诚心跟孩子道歉。"桥本太太很庆幸五个孩子都好好地照自己的样子长大，也都各自成家立业，虽然她跟天下妈妈一样，有时仍难免为孩子操心，但因为她对每个孩子的根基、本质有十足的信心，相对于这信心，其余烦恼也便微不足道。

桥本太太书中写道，树生马童年初习字时，有一次被责备后，愤而在客厅墙上刻字骂"知亚季这笨蛋白痴傻瓜蠢材"。她并没要求涂销，也不介意访客看笑话，反而将此当作是对自己的提醒备忘。五月初拜访福岛深山里桥本家旧宅时，我们还特别搜索这个"遗址"。

读过桥本夫妇的书之后，桥本先生年轻时用二手建材亲自打造的那屋子就不只是屋子了，而是一对20世纪"类首届日本嬉皮"的爱情信约，一个家族扎根发芽茁壮的人生基地，也是一群向往回归自然的寻道者互相鼓励的修行中继站。

抚摸着通往小阁楼的木梯，桥本家孩子飞奔嬉戏的身影忽然浮现四周；凝望着回廊前的草坪，和远处绑在大树下的三座秋千，仿佛听到当年远道而来追求身心疗愈的八方旅客，正弹着吉他轻歌曼舞，或正观赏着露天即兴戏剧哈哈大笑。

桥本家的木屋宛如童话故事里森林精灵的居所，处处可见工艺巧思，后来为举办半断食工作坊，在旁边增建的独棠客舍也宽敞通透，里里外外都让人心旷神怡。

无奈因大地震爆发核灾事故，他们不得不放下这个相伴四十寒暑的故乡。那天在细雨中绕行这家园一圈，对桥本先生书里写到的心情完全感同身受。他说，灾后四处寄宿避难期间，有一天专程冒险回家打包物品，夫妇俩默然无语，离去时情不自禁对这屋子鞠躬致谢。

据说经过十年后，福岛已无核辐射之虞，加上新开了

学员宿舍一角

福岛磐城旧宅（其右侧为学员宿舍）

一条公路，使得通行大为便利，近年桥本先生和长子常回老家清理整修，未来也许可能开放为度假别墅，让老家再度成为更多人的安居乐土。

桥本夫妇最初选择离群索居，没想到"宾客如云"却成了后来桥本家的常态。桥本家的孩子从小就习惯与一大群男女老幼共同生活，包括来自俄罗斯、言语不通文化不同的寄宿儿童。

住在京都新家那两天，看到他们第三代小孩的表现，真可谓亲眼见证了这般"桥本家风"的如实传承。

新家在京都郊外山边，长女果游和幺女朋果也住附近，

爬上阁楼卧室的梯子

桥本家旧宅孩子睡觉的阁楼

他们家族三代平日都一起吃饭生活。那天车子刚到庭院口，最小的两岁孙子就高举着小手要献宝，他手中紧握的是刚在草丛里捉到的一只青蛙宝宝；接着另外三名孙女也立即放下游戏，全跑过来笑盈盈地拥抱访客，发现访客是外国人之后，马上主动用英语介绍自己的名字、年纪。

京都桥本新家前一大片宽阔的前院

在磐城自力建屋前曾在这个废弃老屋住了两年

到了做饭时间，这几位小朋友全动员起来，有的去院子采野花供在玻璃杯里，有的擦桌、布置餐具，有的绑起头巾围裙、直接下厨帮外婆切切洗洗，一切自发自动又那么自然娴熟，大人不但毋须指挥看顾，甚至反倒似乎退为配角、帮手。

吃饭时，全家一起谢恩祈福后开动。虽然只是来自自家菜园的简单素食，但看到每个孩子大口认真咀嚼的模样，不禁觉得饭菜都特别美味。

席间大人没对孩子说一句"不可以"，或者"这个有营养要多吃"之类的"饮食管教"，只是随顺小孩爱吃什么想吃多少都没关系，"这个好好吃啊""这个也好好吃啊"的称赞声此起彼落。

用餐完毕后，孩子们又自动收拾餐桌。看还在上幼稚

桥本太太以味噌腌渍野生橘子自制的点心(U-Be-Si)招待我们

京都新家阁楼是孩子的游戏间及展演厅

园的小孙女双手捧着堆高的碗碟，危颤颤走向厨房，大人们没出手制止，也没在一旁紧张地喊嚷小心，或兴奋地夸奖好棒，一切像是稀松平常。

桥本家子女一致对自己的生活能力表示充满信心，相信自己无论如何都有本事好好活下去。看到这些小孙子做家事的身手和坚定的神情，约莫可想见他们的妈妈也是从小就这样在日常生活中历练过来的。

桥本家三个女儿，包括远嫁欧洲的次女，婚后都延续娘家的饮食理念和生活方式，甚至也仿照妈妈在家自然分娩，但两个儿子的小家庭反倒没这传承。他们都在上大学时开始吃肉，但身心上无任何负担，父母也没意见，完全尊重个人自由。虽然目前住在城区，过着都市人的生活，但他们都肯定在山野自由奔放的童年是他们生命中的珍宝。

不知道可不可以由此揣测，虽说丈夫、父亲是"一家之主"，但其实妻子、母亲才是决定家庭文化的关键？甚而进一步推论，家风代代相传、源远流长，"妈妈道"几乎隐约左右着"世道"了？

桥本太太如今由五个孩子的妈妈升格为八个孙子的"欧巴桑"（おばあさん，祖母），桥本先生说，不知不觉中，当年那个弱不禁风、总静静跟在身后的小女人，已进化成恍若"大地之母"般伟大的存在,将全家人的心紧紧兜在一起,晚年甚且变身为他的"领导"了。

桥本太太则自谦不过是个"相信人生即修行而每天认真生活"的普通妈妈。为人妻人母的漫漫岁月中,一样曾有恐惧怨悔,也一样会生病,只是,她认定恐惧怨悔和病痛也是自然的一部分,不必抗拒,单纯地全然顺服就好。只要单纯地全然顺服,复杂的思虑自然止息,而清明的直觉自然升起,终究自会知道如何采取行动。

她提到自己曾被宣判癌症晚期,只剩一个月余命。当时她想:"喔,是这样吗?既然如此,那么最后仅有的时间一秒钟都不能浪费,只能做最要紧的事——我要全部都投入修行。"

于是,她立即放下万缘,包括所有家事,独自闭关静修,除先生之外,家人都不知病情。结果,她不但活过一个月,而且精神体力都日益增进,半年后再去检查,肿瘤竟已消失无踪。

如果这是"奇迹"的话,那么,桥本太太对生命大自然那份信任与自在,更是美丽的奇迹。

这趟日本行,我们每个同伴都欢喜领受了那美丽奇迹的润泽。